영어필사,
하루 10분의 기적

위의 QR코드를 스캔하면 원어민 MP3 전체 파일을 내려받을 수 있습니다. 또한, 필사와 함께 오디오북을 듣고 싶다면 각 작품의 쓰기 페이지 상단의 QR코드를 활용하세요.

영어필사, 하루 10분의 기적

2025년 09월 20일 초판 1쇄 인쇄
2025년 11월 25일 초판 3쇄 발행

엮은이 **더페이지**
발행인 **손건**
편집기획 **김미정**
마케팅 **최관호**
디자인 **김정희**
제작 **최승용**
인쇄 **선경프린테크**
이미지 www.shutterstock.com

발행처 **랭컴출판사**
주소 서울시 영등포구 영신로34길 19
등록번호 제 312 - 2006 - 00060호
전화 02) 2636 - 0895
팩스 02) 2636 - 0896
이메일 elancom@naver.com

ISBN 979-11-7142-090-2 13740

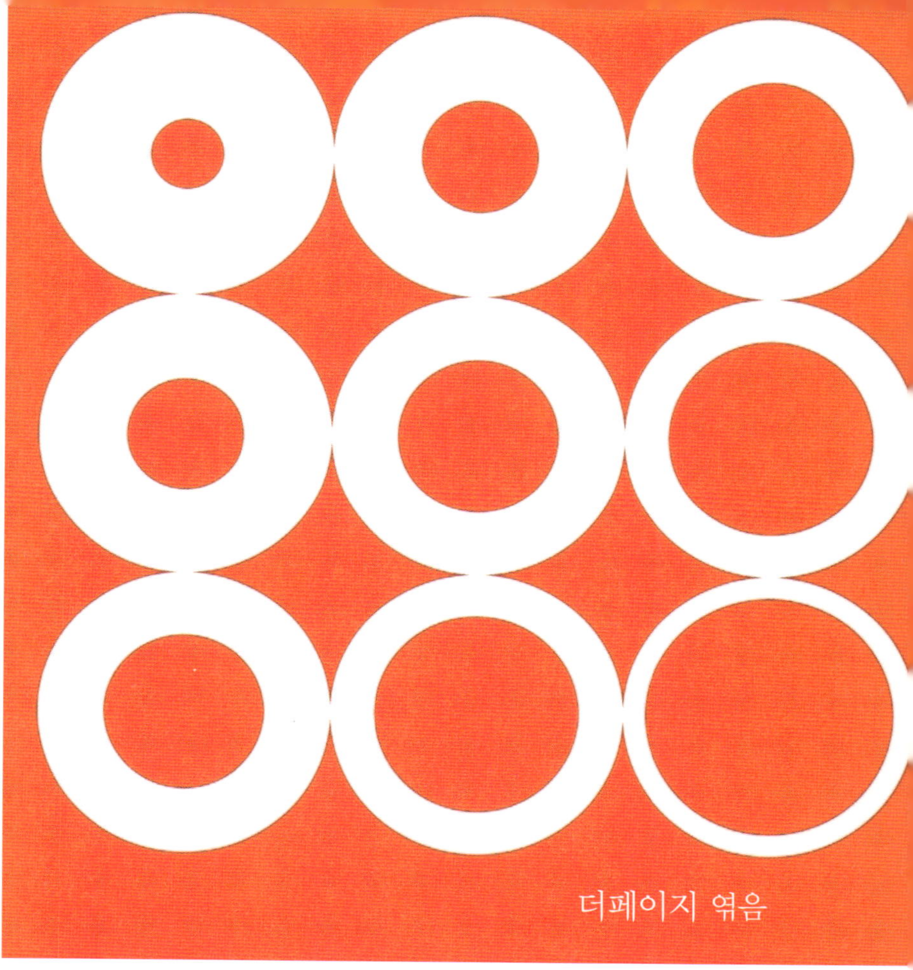

더페이지 엮음

"영어 학습자를 위한 가장 감성적인 공부법"

영어필사,
하루 10분의 기적

머리말

영어를 배우는 길은 멀고 복잡해 보일 수 있습니다. 단어를 외우고, 문법을 익히고, 독해 연습을 하다 보면 지치기 쉽습니다. 그러나 가장 확실하고 효과적인 방법 중 하나는 의외로 단순합니다. 바로 **손으로 직접 쓰는 것**, 즉 필사입니다.

필사는 눈으로만 읽을 때보다 훨씬 깊은 학습 효과를 줍니다. 문장을 한 줄씩 따라 쓰는 동안 단어의 철자와 문법 구조가 손끝을 통해 몸에 새겨집니다. 반복할수록 기억은 더 오래 남고, 문장은 점점 익숙해지며, 자연스럽게 영어식 표현이 입에 붙게 됩니다. 무엇보다도 작가의 문체와 사고 방식을 그대로 체험하면서, 독해력과 문장력까지 함께 키울 수 있습니다.

이 책은 영어 학습자에게 도움이 되는 영미 고전문학의 문장을 엄선해 담았습니다. 오랜 세월 동안 사랑받아 온 작품 속 표현은 살아 있는 교재가 됩니다. 단순히 영어를 배우는 것에 그치지 않고, 문학이 지닌 깊이와 감동까지도 맛볼 수 있습니다.

어떻게 학습하면 좋을까요?

1. 하루 한 쪽 쓰기
하루에 책의 한 쪽 분량을 정해 꾸준히 써 내려가 보세요. 시간이 부족하다면 단락 하나라도 좋습니다. 중요한 것은 꾸준함입니다.

2. 눈으로 읽고, 소리 내어 읽기
필사하기 전, 해당 문단을 소리 내어 읽어 보세요. 영어 문장의 리듬과 억양을 익히는 데 큰 도움이 됩니다.

3. 손으로 천천히 쓰기

글자를 흘려 쓰지 말고, 한 단어 한 단어를 정확히 옮겨 적으세요. 이 과정에서 문법 구조와 표현이 자연스럽게 머릿속에 각인됩니다.

4. 의미 파악하기

쓰면서 이해되지 않는 문장은 바로 해석을 확인하고, 중요한 표현은 밑줄을 그어 두세요. 이때 모르는 단어를 따로 정리해두면 암기에 효과적입니다.

5. 복습하기

다음 날에는 전날 쓴 부분을 다시 읽어 보고, 주요 표현을 떠올려 보세요. 때로는 눈을 감고 문장을 말해 보는 것도 좋습니다.

6. 자신의 문장으로 확장하기

익숙해진 문장으로 표현을 바꾸는 연습을 해보세요. 예를 들어 인칭대명사나 시제를 바꿔 보면서 문장의 변화를 연습하면 실제 말하기 능력으로 이어집니다.

작은 습관이 큰 변화를 만듭니다. 매일 한 문단씩 세계명작을 손으로 따라 쓰다 보면, 영어 문장이 점점 익숙해지고 스스로 표현할 수 있는 힘이 쌓입니다. 나아가 작품 속에 담긴 인생의 지혜와 감동은 학습 이상의 가치를 선물할 것입니다.

이 책을 통해 영어 학습은 더 이상 시험을 위한 과제가 아니라, 세계와 소통하고 문학의 깊이를 체험하는 즐거운 여정이 될 것입니다.

Contents

001	Hamlet William Shakespeare	14
002	Macbeth William Shakespeare	16
003	Othello William Shakespeare	18
004	King Lear William Shakespeare	20
005	Romeo and Juliet William Shakespeare	22
006	The Tempest William Shakespeare	24
007	A Midsummer Night's Dream William Shakespeare	26
008	Pride and Prejudice Jane Austen	28
009	Sense and Sensibility Jane Austen	30
010	Emma Jane Austen	32
011	Mansfield Park Jane Austen	34
012	Persuasion Jane Austen	36
013	A Tale of Two Cities Charles Dickens	38
014	Great Expectations Charles Dickens	40
015	Oliver Twist Charles Dickens	42
016	David Copperfield Charles Dickens	44
017	Bleak House Charles Dickens	46
018	Nicholas Nickleby Charles Dickens	48
019	Tess of the d'Urbervilles Thomas Hardy	50
020	Far from the Madding Crowd Thomas Hardy	52
021	Jude the Obscure Thomas Hardy	54
022	The Mayor of Casterbridge Thomas Hardy	56
023	Wuthering Heights Emily Brontë	58
024	Jane Eyre Charlotte Brontë	60

025	Villette Charlotte Brontë	62
026	Middlemarch George Eliot	64
027	Silas Marner George Eliot	66
028	The Mill on the Floss George Eliot	68
029	The Scarlet Letter Nathaniel Hawthorne	70
030	The House of the Seven Gables Nathaniel Hawthorne	72
031	Moby-Dick Herman Melville	74
032	Billy Budd Herman Melville	76
033	Typee Herman Melville	78
034	The Adventures of Tom Sawyer Mark Twain	80
035	Adventures of Huckleberry Finn Mark Twain	82
036	The Prince and the Pauper Mark Twain	84
037	The Turn of the Screw Henry James	86
038	The Portrait of a Lady Henry James	88
039	Washington Square Henry James	90
040	The Picture of Dorian Gray Oscar Wilde	92
041	The Importance of Being Earnest Oscar Wilde	94
042	Lady Windermere's Fan Oscar Wilde	96
043	Treasure Island Robert Louis Stevenson	98
044	Strange Case of Dr Jekyll and Mr Hyde Robert Louis Stevenson	100
045	Kidnapped Robert Louis Stevenson	102
046	The Tell-Tale Heart Edgar Allan Poe	104
047	The Fall of the House of Usher Edgar Allan Poe	106
048	The Masque of the Red Death Edgar Allan Poe	108

Contents

049	Leaves of Grass Walt Whitman	110
050	Because I could not stop for Death Emily Dickinson	112
051	Self-Reliance Ralph Waldo Emerson	114
052	Walden Henry David Thoreau	116
053	Eveline James Joyce	118
054	A Portrait of the Artist as a Young Man James Joyce	120
055	Mrs Dalloway Virginia Woolf	122
056	To the Lighthouse Virginia Woolf	124
057	The Great Gatsby F. Scott Fitzgerald	126
058	Tender Is the Night F. Scott Fitzgerald	128
059	The Sound and the Fury William Faulkner	130
060	As I Lay Dying William Faulkner	132
061	Heart of Darkness Joseph Conrad	134
062	Lord Jim Joseph Conrad	136
063	Animal Farm George Orwell	138
064	1984 George Orwell	140
065	Sons and Lovers D.H. Lawrence	142
066	Women in Love D.H. Lawrence	144
067	The Rainbow D.H. Lawrence	146
068	Frankenstein Mary Shelley	148
069	Alice's Adventures in Wonderland Lewis Carroll	150
070	Through the Looking-Glass Lewis Carroll	152
071	The War of the Worlds H.G. Wells	154
072	The Time Machine H.G. Wells	156

073	The Invisible Man H.G. Wells	158
074	The Island of Doctor Moreau H.G. Wells	160
075	Dracula Bram Stoker	162
076	Songs of Innocence and of Experience William Blake	164
077	The Rime of the Ancient Mariner Samuel Taylor Coleridge	166
078	Prometheus Unbound Percy Bysshe Shelley	168
079	Childe Harold's Pilgrimage Lord Byron	170
080	A thing of beauty is a joy for ever John Keats	172
081	Daffodils William Wordsworth	174
082	Gulliver's Travels Jonathan Swift	176
083	Robinson Crusoe Daniel Defoe	178
084	Moll Flanders Daniel Defoe	180
085	The Life and Opinions of Tristram Shandy Laurence Sterne	182
086	Utopia Thomas More	184
087	Confessions of an English Opium-Eater Thomas De Quincey	186
088	A Study in Scarlet Arthur Conan Doyle	188
089	The Sign of the Four Arthur Conan Doyle	190
090	The Hound of the Baskervilles Arthur Conan Doyle	192
091	The Valley of Fear Arthur Conan Doyle	194
092	Little Women Louisa May Alcott	196
093	Little Men Louisa May Alcott	198
094	The Jungle Book Rudyard Kipling	200
095	Kim Rudyard Kipling	202
096	The Secret Garden Frances Hodgson Burnett	204

Contents

097	A Little Princess Frances Hodgson Burnett	206
098	Peter Pan J.M. Barrie	208
099	The Wind in the Willows Kenneth Grahame	210
100	The Tale of Peter Rabbit Beatrix Potter	212
101	The Legend of Sleepy Hollow Washington Irving	214
102	Rip Van Winkle Washington Irving	216
103	The Call of the Wild Jack London	218
104	White Fang Jack London	220
105	Martin Eden Jack London	222
106	The Last of the Mohicans James Fenimore Cooper	224
107	The Gift of the Magi O. Henry	226
108	The Ransom of Red Chief O. Henry	228
109	Uncle Tom's Cabin Harriet Beecher Stowe	230
110	The Open Window Saki, H.H. Munro	232
111	Tobermory Saki, H.H. Munro	234
112	The Age of Innocence Edith Wharton	236
113	Ethan Frome Edith Wharton	238
114	My Ántonia Willa Cather	240
115	O Pioneers! Willa Cather	242
116	Sister Carrie Theodore Dreiser	244
117	The Red Badge of Courage Stephen Crane	246
118	McTeague Frank Norris	248
119	The Luck of Roaring Camp Bret Harte	250
120	An Occurrence at Owl Creek Bridge Ambrose Bierce	252

001 Hamlet – William Shakespeare

To be, or not to be, that is the question:
Whether 'tis nobler in the mind to suffer
The slings and arrows of outrageous fortune,
Or to take arms against a sea of troubles
And by opposing end them?

To die—to sleep,
No more; and by a sleep to say we end
The heart-ache and the thousand natural shocks
That flesh is heir to—'tis a consummation
Devoutly to be wish'd.

To die, to sleep—
To sleep—perchance to dream—ay, there's the rub,
For in that sleep of death what dreams may come…

햄릿 _ 윌리엄 셰익스피어

죽느냐 사느냐, 그것이 문제로다.
가혹한 운명의 공격과 시련을 꾹 참아내는 것이 고귀한가?
아니면 무기를 들고 고난의 바다와 맞서 싸워 끝내는 것이 더 고귀한가?

죽는 건—잠드는 것,
잠이 들면 운명이 물려준 모든 번뇌,
수천 가지 타고난 고통이 끝날 테니,
그것이야말로 인간이 바랄 수 있는 최고의 결말이다.

죽는 건, 잠드는 것—
잠드는 건—어쩌면 꿈을 꾸는 것. 아, 그것이 걸리는군.
죽음이라는 잠을 자는 동안 어떤 꿈을 꾸게 될 것인가.

slings and arrows (은유) 공격과 시련 **outrageous fortune** 부당하고 가혹한 운명
take arms 무기를 들다, 맞서다 **consummation** 완성, 결말 **there's the rub** 거기에 난관이 있다

002 Macbeth – William Shakespeare

Tomorrow, and tomorrow, and tomorrow,
Creeps in this petty pace from day to day
To the last syllable of recorded time,
And all our yesterdays have lighted fools
The way to dusty death.

Out, out, brief candle!
Life's but a walking shadow, a poor player
That struts and frets his hour upon the stage
And then is heard no more.

It is a tale Told by an idiot, full of sound and fury,
Signifying nothing.

Out, out, brief candle!
Signifying nothing.

맥베스 _ 윌리엄 셰익스피어

내일, 또 내일, 그리고 또 내일이,
살금살금 걸어서 하루하루 흘러가다가,
시간이라는 글자의 마지막 음절 속으로 사라진다.
우리의 모든 어제는 어리석은 인간을
죽음으로 가는 먼지투성이 길로 인도했구나.

꺼져라, 꺼져, 덧없는 촛불아!
인생은 그저 방황하는 그림자이고 가련한 배우일 뿐,
무대위에서 자기가 맡은 시간동안 뽐내고 법석대다가
시간이 지나면 사라지는 것이다.

그것은 바보가 지껄이는 이야기, 소리와 분노로 가득하지만
아무 의미도 없는 것.

꺼져라, 꺼져, 덧없는 촛불아!
아무 의미도 없는 것.

Macbeth

petty pace 하찮고 더딘 걸음 last syllable of recorded time 기록된 시간의 마지막 순간 dusty death 먼지처럼 사라지는 죽음 walking shadow 실체 없는 그림자 signifying nothing 아무 의미도 없는

Othello – William Shakespeare

She loved me for the dangers I had passed,
and I loved her that she did pity them.
This only is the witchcraft I have used.

Her father loved me, oft invited me;
still questioned me the story of my life,
from year to year—the battles, sieges, fortunes
that I had passed.

I spake of most disastrous chances,
of moving accidents by flood and field,
of hair-breadth scapes i' the imminent deadly breach,
of being taken by the insolent foe
and sold to slavery.

오셀로 _ 윌리엄 셰익스피어

그녀는 내가 겪었던 위험 때문에 나를 사랑했고,
나는 그녀가 그걸 불쌍히 여긴 까닭에 그녀를 사랑했네.
내가 쓴 마법이 있다면 오직 이것뿐이라네.

그녀의 아버지는 나를 사랑하여 자주 초대했고,
내 인생의 이야기를 해마다, 해마다
내가 겪은 전투와 포위전, 그리고 굴곡진 운명을 묻곤 했지.

나는 가장 비참한 우연들을 말했네.
강물과 들에서 맞닥뜨린 기막힌 사고들,
죽음을 눈앞에 둔 틈새에서 간신히 벗어난 일들,
오만한 적에게 사로잡혀 노예로 팔려갔던 것까지.

pity 불쌍히 여기다, 연민하다 witchcraft 마법, 요술 siege 포위, 포위전 hair-breadth scape 간발의 차로 탈출함 insolent 오만한, 거만한

004 King Lear – William Shakespeare

King Lear:
Tell me, my daughters—
since now we will divest us both of rule,
interest of territory, cares of state—
which of you shall we say doth love us most?
That we our largest bounty may extend
where nature doth with merit challenge.
Goneril, our eldest born, speak first.

Goneril:
Sir, I love you more than words can wield the matter;
dearer than eyesight, space, and liberty;
beyond what can be valued, rich or rare;
no less than life, with grace, health, beauty, honor;
as much as child e'er loved, or father found.

리어 왕 _ 윌리엄 셰익스피어

리어 왕:
말해다오, 내 딸들아,
나는 이제 국가의 통치권도, 국토의 영유권도,
국사의 번거로움도 모두 벗어버릴 작정이다.
그러니 누가 가장 나를 사랑하는지 말해다오.
사랑이 가장 깊은 딸에게 가장 큰 은혜를 베풀겠다.
고너릴, 네가 맏딸이니 먼저 말하거라.

고너릴:
폐하, 저는 말로 표현할 수 없을 만큼 아버지를 사랑합니다.
시력보다, 공간보다, 그리고 자유보다 더 소중합니다.
값지고 진귀한 그 어떤 보물도 견줄 수 없고,
은총, 건강, 아름다움, 명예로 넘치는 삶보다 더 사랑합니다.
일찍이 자식이 아버지에게 바친 최고의 사랑보다,
아버지가 받은 최대의 사랑으로 사랑합니다.

King Lear

divest (권리·권한을) 박탈하다, 내려놓다 bounty 은혜, 하사품 merit 가치, 장점 wield (도구·말을) 휘두르다, 사용하다 liberty 자유

005 Romeo and Juliet – William Shakespeare

O Romeo, Romeo! wherefore art thou Romeo?
Deny thy father and refuse thy name;
Or, if thou wilt not, be but sworn my love,
And I'll no longer be a Capulet.

'Tis but thy name that is my enemy;
Thou art thyself, though not a Montague.
What's Montague? it is nor hand, nor foot,
Nor arm, nor face, nor any other part
Belonging to a man. O, be some other name!

What's in a name? that which we call a rose
By any other word would smell as sweet;
So Romeo would, were he not Romeo call'd.

로미오와 줄리엣 _ 윌리엄 셰익스피어

아, 로미오, 로미오! 어찌하여 그대는 로미오인가요?
아버지를 부정하고, 그 이름을 버려요!
아니면, 그럴 수 없다면, 내 사랑이라 맹세만이라도 해줘요.
그러면 난 더 이상 캐퓰릿이 아니리다.

원수는 그저 그대의 이름뿐,
그대는 그대 자신이지, 몬테규가 아니에요.
몬테규가 뭐죠? 그건 손도 아니고 발도 아닌걸요.
팔도 아니고, 얼굴도 아니고,
사람의 몸 어느 부분도 아니잖아요.
오! 뭐든 다른 이름이 되어줘요.

이름이 대체 뭔가요? 우리가 장미라고 부르고 있는 저 꽃은
이름이 어떻게 바뀌든 향기는 똑같이 달콤할 거예요.
로미오 역시 다른 이름으로 불려도 똑같을 거예요.

Romeo and Juliet

wherefore 왜, 어찌하여 deny thy father 아버지를 부정하다 sworn my love 나의 사랑이 되겠다고 맹세하다 'Tis but 그것은 단지 …일 뿐이다 What's in a name? 이름에 무엇이 담겨 있는가?

006　The Tempest – William Shakespeare

Our revels now are ended.
These our actors,
as I foretold you, were all spirits
and are melted into air, into thin air.

The cloud-capp'd towers, the gorgeous palaces,
the solemn temples, the great globe itself,
shall dissolve,
and, like this insubstantial pageant faded,
leave not a rack behind.

We are such stuff
as dreams are made on,
and our little life
is rounded with a sleep.

템페스트 _ 윌리엄 셰익스피어

우리의 연회는 이제 끝났소.
이 무대 위 배우들은,
이미 말했듯이 모두 영혼이었고,
허공 속으로, 얇은 허공 속으로 사라졌소.

구름 걸린 탑도, 찬란한 궁전도,
장엄한 신전도, 이 거대한 세상 자체도
모두 사라지리라.
덧없는 환상이 빛을 잃듯,
흔적 하나 남기지 않을 것이오.

우리는 꿈으로 빚어진 그런 존재,
우리의 짧은 생은 결국
잠으로 감싸여 마무리되리라.

The Tempest

revels 연회, 향락 **melted into air** 허공 속에 사라지다 **cloud-capp'd** 구름에 싸인 **insubstantial** 덧없는, 실체 없는 **pageant** 장관, 화려한 광경 **rounded with a sleep** 잠으로 마무리되다

007 A Midsummer Night's Dream

– William Shakespeare

If we shadows have offended,
Think but this, and all is mended,
That you have but slumber'd here
While these visions did appear.

And this weak and idle theme,
No more yielding but a dream,
Gentles, do not reprehend:
If you pardon, we will mend.

And, as I am an honest Puck,
If we have unearned luck
Now to 'scape the serpent's tongue,
We will make amends ere long.

한여름 밤의 꿈 _ 윌리엄 셰익스피어

혹시 우리 그림자가 언짢으셨다면,
이렇게 생각하세요, 그러면 다 괜찮아질 겁니다.
여러분은 여기서 그저 잠들어 있었을 뿐이고
그동안 이런 환영들이 나타났던 거라고.

이렇게 가볍고 시시하고
꿈처럼 헛된 이 주제를
여러분, 너무 나무라지 마세요.
너그럽게 봐주시면 잘해보겠습니다.

그리고, 제가 정직한 퍽이니만큼
노력 없이 얻은 행운이 있다면
야유를 피하기 위해서라도
머지않아 고쳐 나가겠습니다.

shadows 연극 배우들(은유적으로 '그림자') mended 바로잡히다, 회복되다 visions 환영, 꿈같은 장면 idle theme 쓸모없는 이야기, 공허한 주제 serpent's tongue 독설, 비난

 **Pride and Prejudice** – Jane Austen

In vain have I struggled. It will not do.
My feelings will not be repressed.
You must allow me to tell you
how ardently I admire and love you.

Almost from the earliest moments of our acquaintance,
I have admired you more than I can express.
Against my better judgment, against my character,
against the very pride that I hold,
I am unable to stop myself from confessing.
You must accept the fervor
with which I declare my attachment.

오만과 편견 _ 제인 오스틴

헛되이 고군분투했지만, 그러지 않겠습니다.
내 감정을 억누르지 않겠습니다.
나는 반드시 고백해야만 합니다.
내가 당신을 얼마나 열렬히 존경하고 사랑하는지.

우리가 처음 알게 된 순간부터,
나는 말로 표현할 수 없을 만큼 당신을 흠모했습니다.
내 분별을 거슬러서도, 내 성품을 거슬러서도,,
내가 지닌 자존심을 거슬러서도,
나는 이 고백을 막을 수가 없습니다.
내 사랑을 고백하는 이 열정을
부디 받아 주십시오.

Pride and Prejudice

in vain 헛되이, 공연히 **struggle** 애쓰다, 몸부림치다 **repress(ed)** 억누르다, 억압된
ardently 열렬히, 뜨겁게 **admire** 존경하다, 흠모하다 **acquaintance** 아는 사이, 첫 만남
judgment 판단, 분별 **attachment** 애착, 사랑의 고백

009 Sense and Sensibility – Jane Austen

"Elinor," said Marianne,
"I have not wanted syllables where actions have spoken so plainly.
Has he not attended us almost every day?
Has he not taken us all to Allenham?
Is not your heart convinced of his affection?"

Elinor would not enter into a discussion
with her sister on the subject.
She saw with concern
the excess of her sister's confidence
and was determined to avoid giving any countenance to it.

She wished that Willoughby's behaviour
might be as open and simple
as her sister believed it to be.

이성과 감성 _ 제인 오스틴

"엘리너," 매리앤이 말했다.
"말이 무슨 소용이야, 행동으로 충분히 말해주고 있는데.
그가 거의 매일 우리를 찾아오지 않았어?
그가 우리 모두를 앨러넘으로 데려가지 않았어?
언니 마음도 그의 애정을 확신하지 않아?"

엘리너는 이 문제로
동생과 언쟁하려 하지 않았다.
그녀는 동생의 지나친 확신을
걱정스레 바라보며,
그 믿음에 힘을 보태주지 않기로 다짐했다.

그녀는 윌러비의 행동이
동생이 믿고 있는 것처럼
정직하고 단순한 것이기를 바랐다.

Sense and Sensibility

syllables 말, 언사 spoken plainly 분명히 말하다 attend 자주 찾아오다, 수행하다
affection 애정, 호의 enter into a discussion 논의에 들어가다 countenance 지지, 묵인 open and simple 솔직하고 단순한

Emma - Jane Austen

I cannot make speeches, Emma.
If I loved you less,
I might be able to talk about it more.

But you know what I am.
You hear nothing but truth from me.

I have blamed you, and lectured you,
and you have borne it
as no other woman would.

Bear with the truths I tell you now,
dearest Emma,
as well as you have borne with them.

엠마 _ 제인 오스틴

나는 미사여구를 늘어놓을 수 없어요, 엠마.
만일 그대를 덜 사랑했다면,
아마 더 많은 말을 할 수 있었을 겁니다.

그러나 그대는 내가 어떤 사람인지 압니다.
내 입에서 나오는 것은 오직 진실뿐입니다.

나는 그대를 탓했고, 그대를, 훈계했지만,
다른 어떤 여인도 그렇게 못 했을 인내로
그대는 견뎌주었소.

지금 그대에게 전하려는 이 진실 또한,
가장 사랑하는 엠마여,
그들을 견뎌낸 것처럼 부디 받아주오.

speeches 연설, (감정을 담은) 말 truth 진실 blame 비난하다, 탓하다 lecture 꾸짖다, 훈계하다 bear / borne 견디다, 참다 bear with ~을 참다, 받아주다 dearest 가장 사랑하는, 소중한

011 Mansfield Park – Jane Austen

Fanny, with all her faults of ignorance and timidity,
was fixed at Mansfield Park,
and soon proved herself to be a very pretty little girl.

She was small and slight,
with no glow of complexion,
nor any other striking beauty;
exceedingly timid and shy, and shrinking from notice.
But her cousins found her ignorant of the commonest
things, and her aunts often treated her with neglect.

Still, there was a sweetness in her manner
which made her generally liked by the servants,
and a grateful heart
that was quick to feel kindness.

맨스필드 파크 _ 제인 오스틴

패니는 무지와 수줍음이라는 결점을 다 가진 채,
맨스필드 파크에 자리를 잡았고,
곧 아주 사랑스러운 소녀라는 것을 입증했다.

그녀는 작고 가냘팠으며,
안색도 밝지 않았고,
달리 눈에 띄는 아름다움도 없었다.
지극히 수줍고 내성적이어서 주목받는 것을 힘들어했다.
사촌들은 그녀가 가장 기초적인 일조차 알지 못하는 걸 알았고,
숙모들은 자주 그녀를 무시했다.

그럼에도 그녀의 태도에는 다정함이 배어 있었고,
그 때문에 하인들에게 대체로 호감을 얻었으며,
작은 친절에도 곧장 감동하는,
감사하는 마음을 갖고 있었다.

Mansfield Park

faults 결점 ignorance 무지 timidity 소심함 slight 가냘픔, 여림 complexion 안색, 피부색 striking 뚜렷한, 눈에 띄는 shrinking 피하려 함 neglect 무시, 소홀 sweetness 상냥함, 온화함 grateful 감사하는

Persuasion – Jane Austen

You pierce my soul.
I am half agony, half hope.
Tell me not that I am too late,
that such precious feelings are gone for ever.

I offer myself to you again,
with a heart even more your own
than when you almost broke it years ago.

I have loved none but you,
unjust I may have been, weak I may have been,
but never inconstant.

A word, a look will be enough
to decide my fate.

설득 _ 제인 오스틴

그대는 내 영혼을 꿰뚫었습니다.
나는 반은 고통이고, 반은 희망입니다.
부디 내가 너무 늦었다고,
그 소중한 감정이 영원히 사라졌다고 말하지 마세요.

다시 그대에게 나 자신을 바칩니다.
몇 년 전에 그대가 상심했을 때보다
더 온전히 그대의 것이 된 마음으로.

나는 오직 그대만을 사랑했습니다.
불공평했을지 모르고, 약했을지 모르지만
결코 변함없었습니다.

한마디, 한 번의 눈길이면 충분합니다.
내 운명이 그 순간에 달려 있습니다.

Persuasion

pierce 꿰뚫다, 관통하다 soul 영혼, 내면 agony 극심한 고통, 비탄 precious 소중한, 귀중한 offer 바치다, 내어주다 unjust 부당한, 불공평한 inconstant 변덕스러운, 일관되지 않은 fate 운명

013 A Tale of Two Cities – Charles Dickens

It was the best of times,
it was the worst of times,

it was the age of wisdom,
it was the age of foolishness,

it was the epoch of belief,
it was the epoch of incredulity,

it was the season of Light,
it was the season of Darkness,

it was the spring of hope,
it was the winter of despair,

we had everything before us,
we had nothing before us.

두 도시 이야기 _ 찰스 디킨스

그것은 최고의 시대였고,
동시에 최악의 시대였다.

그것은 지혜의 시대였고,
또한 어리석음의 시대였다.

그것은 믿음이 가득한 시대였고,
불신이 넘쳐나는 시대였다.

그것은 빛의 시절이었고,
어둠의 시절이기도 했다.

그것은 희망의 봄이었으나,
절망의 겨울이기도 했다.

우리 앞에는 모든 것이 주어져 있었고,
동시에 아무것도 없었다.

A Tale of Two Cities

best 최고 / worst 최악 wisdom 지혜 / foolishness 어리석음 belief 신념 / incredulity 불신 Light 빛 / Darkness 어둠 hope 희망 / despair 절망 everything 모든 것 / nothing 아무것도 없음

014 Great Expectations - Charles Dickens

I loved her against reason,
against promise, against peace,
against hope, against happiness,
against all discouragement that could be.

Once for all; I loved her none the less
because I knew it,
because it was so strong,
because it was so unreasonable.

It would have been more than twenty times as strong
if it had been confounded
with the generosity of her nature,
the sweetness of her temper,
the truth of her character,
and the amiability of her manner.

위대한 유산 _ 찰스 디킨스

나는 이성을 거슬러 그녀를 사랑했다.
약속을 거슬러, 평화를 거슬러,
희망을 거슬러, 행복을 거슬러,
온갖 일어날 수 있는 실망을 거슬러.

단 한 번으로도 충분했다.
그것이 얼마나 비이성적인지 알면서도,
나는 그 사랑을 결코 줄일 수 없었다.
그 사랑이 너무도 강렬했기에,

그녀의 본성에서 비롯된 너그러움, 온화한 기질,
성품의 진실함, 품위 있는 태도가
그 사랑에 더해졌더라면,
그 힘이 스무 배는 더 강렬했으리라.

Great Expectations

reason 이성 promise 약속, 기대 discouragement 낙담, 낙심 none the less 그럼에도 불구하고 temper 성질, 기질 truth 진실성, 성실함 amiability 상냥함, 호감

# 015 Oliver Twist – Charles Dickens

The evening arrived; the boys took their places.
The master, in his cook's uniform,
stood at the copper; the gruel was served,
and soon disappeared.
The boys whispered to each other,
and winked at Oliver.

Child as he was,
he was desperate with hunger.
Rising from the table,
bowl and spoon in hand,
he advanced to the master and said,
somewhat alarmed at his own temerity:
"Please, sir, I want some more."

올리버 트위스트 _ 찰스 디킨스

저녁이 되자, 소년들은 자리에 앉았다.
원장은 조리복을 입고 죽통 앞에 서 있었다.
죽이 나누어져 곧 사라졌다.
소년들은 서로 속삭이며,
올리버에게 윙크했다.

아직 어린아이였으나,
그는 굶주림에 절박했다.
테이블에서 몸을 일으켜,
작은 그릇과 숟가락을 손에 든 채,
그는 천천히 원장 앞으로 나아갔다.
그리고 자신의 대담함에 자기도 좀 놀라며 말했다.
"제발, 선생님, 조금만 더 주세요."

Oliver Twist

copper 죽을 끓이는 큰 솥 gruel 묽은 죽 soon disappeared 금세 없어졌다 desperate 절박한 advanced 앞으로 다가갔다 temerity 대담함

016 David Copperfield - Charles Dickens

Whether I shall turn out to be
the hero of my own life,
or whether that station will be held by anybody else,
these pages must show.

To begin my life with the beginning of my life,
I record that I was born
(on a Friday, at twelve o'clock at night).
It was remarked that the clock began to strike,
and I began to cry, simultaneously.

In consideration of the day and hour of my birth,
it was declared by the nurse
that I was destined to be unlucky in life.
Whether that prediction was right or wrong,
my history must prove.

데이비드 코퍼필드 _ 찰스 디킨스

내가 내 인생의 주인공이 될지,
아니면 다른 누군가가 그 자리를 차지하게 될지
이 책의 페이지들이 보여줄 것이다.

내 삶의 시작을 이야기하기 위해,
나는 이렇게 기록한다.
나는 금요일 자정에 태어났다.
시계가 울리기 시작하는 것과 동시에,
나는 울음을 터뜨렸다.

그 날과 내 출생 시각을 두고
산파는 내가 불운한 삶을 살 운명이라 말했다.
그 예언이 옳았는지 틀렸는지
내 이야기가 증명할 것이다.

David Copperfield

turn out 결국 ~이 되다, 드러나다 hero of my own life 내 인생의 주인공 station 지위, 자리 remarked 언급되다, 말해지다 simultaneously 동시에 nurse 산파 destined 운명 지어진, 예정된 prediction 예언, 예측

Bleak House – Charles Dickens

Fog everywhere.
Fog up the river, where it flows among green aits and meadows;
fog down the river, where it rolls among the tiers of hipping.

Fog on the Essex marshes,
fog on the Kentish heights.
Fog creeping into the cabooses of collier-brigs;
fog lying on the yards,
and hovering in the rigging of great ships.
Fog in the eyes and throats of Greenwich pensioners.
Fog pinching the fingers of shivering little 'prentices.

황폐한 집 _ 찰스 디킨스

안개가 온 세상을 뒤덮었다.
강 위의 초원과 작은 섬들 위에도,
배들이 늘어선 물길 위에도 안개가 흘렀다.

에섹스 늪지 위에도,
켄트 언덕 위에도,
석탄 배의 선실 틈새에도 안개가 스며들었다.
거대한 배의 돛줄과 돛대 위에도 안개가 걸려 있었고,
그리니치의 노병들의 눈과 목에도,
덜덜 떨고 있는 어린 견습공들의 손가락에도 안개가 파고들었다..

Bleak House

ait 강 속의 작은 섬 tiers of shipping 정박한 배 무리 caboose 배의 작은 부엌, 선실
rigging 돛대 줄, 장치 pensioner 연금을 받는 노병 'prentice (apprentice) 견습공

018 Nicholas Nickleby – Charles Dickens

It was a long, cold-looking house,
with broken paling and untended garden.
The schoolroom was bare and large,
its walls damp, its air heavy with decay.

Windows were patched and dirty,
the floor uneven and broken.
The boys sat shivering on rough benches,
ill-fed and poorly clothed,
their faces pale and thin.

Neglect and hardship hung over all,
the very image of desolation.

니콜라스 니클비 _ 찰스 디킨스

그 집은 길고 차갑게 보였으며,
울타리는 부서지고 정원은 돌보지 않았다.
교실은 넓고 황량했고,
벽은 축축하고 공기에는 썩은내가 진동했다.

창문은 덧대어지고 더러웠으며,
바닥은 울퉁불퉁하고 금이 가 있었다.
소년들은 거친 벤치에 앉아 떨고 있었으며,
굶주리고 남루한 옷을 입은
그들의 얼굴은 창백하고 야위었다.

방치와 고난이 곳곳에 드리워져,
황폐함의 전형을 이루고 있었다.

Nicholas Nickleby

paling 울타리, 말뚝 untended 돌보지 않은, 방치된 bare 텅 빈, 황량한 decay 부패, 썩음 patched 덧댄, 기운 uneven 고르지 않은 shivering 덜덜 떠는 neglect 방치 desolation 황폐, 쓸쓸함

019 Tess of the d'Urbervilles - Thomas Hardy

On a fine May morning, between eleven and twelve o'clock,
a young woman of seventeen walked along,
bearing herself with an air of calm self-respect.

She was a fine and handsome girl—
not handsomer than some others, possibly—
but her mobile features, and large innocent eyes,
added eloquence to colour and shape.

Yet there was a touch of melancholy about her mouth,
as if destined to carry traces of sorrow through life.

더버빌가의 테스 _ 토머스 하디

5월의 맑은 아침, 11시에서 12시 사이,
열일곱 살의 젊은 여성이
침착한 자존감을 드러내며
길을 따라 걸어가고 있었다.

그녀는 참하고 아름다운 소녀였다.
다른 이들보다 특별히 더 아름답지는 않았으나,
표정이 풍부한 얼굴과 크고 순진한 두 눈은
그 모습에 남다른 힘을 더해주었다.

그러나 그녀의 입술에는 슬픔의 기운이 어려 있어,
평생 슬픔의 흔적을 안고 살아갈 운명처럼 보였다.

Tess of the d'Urbervilles

bearing 태도, 몸가짐 self-respect 자존심 mobile features 변화 많은 얼굴 표정
eloquence (말·표정의) 힘, 설득력 melancholy 우울, 슬픔 traces 흔적들

 Far from the Madding Crowd

– Thomas Hardy

Bathsheba Everdene appeared as a fair product of Nature.
Her dark eyes were bright,
her black hair full of life,
her form springing with youthful strength.

There was a self-reliance in her manner,
and a touch of hauteur that spoke of independence.

She rode astride upon a spirited horse,
her hair escaping in curls about her neck, stirred by the wind.
Her upright figure gave the air
of a woman fearless of man or fate.

광란의 무리를 떠나서 _ 토머스 하디

밧세바 에버딘은 자연이 빚어낸 아름다운 존재로 나타났다.
그녀의 검은 눈은 빛났고,
검은 머리칼은 생기로 넘쳤으며,
그녀의 몸은 젊음의 힘으로 솟구치고 있었다.

그녀의 태도에는 자기 신뢰가 있었고,
약간의 오만함이 더해져 독립적인 삶을 암시했다.

그녀는 활기찬 말 위에 올라 탔다.
그녀의 머리카락이 바람에 흩날려 곱슬거리며 목덜미를 감쌌고,
똑바로 선 그녀의 자태는
사람도 운명도 두려워하지 않는 여인의 기상을 드러냈다.

Far from the Madding Crowd

fair product of Nature 자연이 빚어낸 아름다운 존재 springing 생기 넘치는 self-reliance 자기 신뢰 hauteur 오만함 independence 독립성 spirited horse 활기찬 말 upright figure 당당한 모습 fearless 두려움 없는

021 Jude the Obscure – Thomas Hardy

The spires and chimneys of Christminster
rose distinct against the sky,
like a city of light.
The faint sound of bells reached Jude,
filling him with wonder.

He felt that a man's life
should be great and noble,
and that knowledge was the key.

Longing seized him
to pass within those walls,
to learn the wisdom
that seemed forever shut away from him.

이름 없는 주드 _ 토머스 하디

크라이스트민스터의 첨탑과 굴뚝들이
하늘을 배경으로 선명히 솟아올라,
빛의 도시처럼 보였다.
희미한 종소리가 주드의 귀에 닿아
그를 경이로움으로 채웠다.

그는 인간의 삶이
위대하고 고결해야 하며,
그 열쇠는 지식이라 느꼈다.

갈망이 그를 사로잡았다.
저 성벽 안으로 들어가
그에게서 영원히 닫혀 있을 것만 같은
지혜를 배우고 싶었다.

Jude the Obscure

spires 첨탑들 **chimneys** 굴뚝들 **distinct** 선명한 **faint** 희미한 **wonder** 경이로움
noble 고결한 **knowledge** 지식 **longing** 갈망 **wisdom** 지혜 **shut away** 닫혀 있는

022 The Mayor of Casterbridge - Thomas Hardy

In the fair tent,
the man had drunk too freely.
His eyes burned with reckless fire
as he raised his voice above the crowd.

Why should men not sell their wives
as gipsies sell their old horses?
I'd sell mine this minute
if anybody would buy her!

The people laughed, some stared in silence.
Beside him, the woman sat in shame,
holding the child,
as fate turned upon a careless word.

캐스터브리지의 시장 _ 토머스 하디

장터 천막 안에서
그 남자는 제멋대로 술을 마셨다.
그 눈은 무모한 불꽃으로 타올랐고,
그는 군중을 향해 목소리를 높였다.

왜 남자들이 아내를 팔면 안 됩니까?
집시들이 늙은 말을 팔듯이 말이오.
누구라도 원한다면 지금 당장
내 아내를 팔겠소!

사람들은 웃었고, 일부는 침묵 속에서 그를 바라보았다.
그 옆에서 아내는 부끄러움에 고개를 떨군 채
아이를 끌어안고 있었고,
운명은 그 경솔한 말 위로 기울기 시작했다.

reckless 무모한, 신중하지 못한 gipsies 집시들 fate 운명 careless word 경솔한 말

023 Wuthering Heights - Emily Brontë

Catherine said her love for Linton
was like the leaves of the trees,
changing with the seasons.

But her love for Heathcliff
was like the eternal rocks beneath,
necessary and unchanging.

Nelly, I am Heathcliff!
He is always in my mind,
as my own being.

Later Heathcliff cried out,
I cannot live without my soul!

폭풍의 언덕 _ 에밀리 브론테

캐서린은 말했다.
린튼에 대한 사랑은 숲의 잎사귀 같아서
계절에 따라 변할 거야.

그러나 히스클리프에 대한 사랑은
영원한 바위와 같아서
필수적이고 변치 않아.

넬리, 나는 히스클리프야!
그는 언제나 내 마음속에 있어,
내 존재 그 자체로.

나중에 히스클리프는 절규했다.
나는 내 영혼 없이는 살 수 없어!

leaves 잎사귀들 changing 변하는, 바뀌는 eternal 영원한 rocks beneath 밑에 있는 바위, 영원한 기반 necessary 필수적인 unchanging 변치 않는 being 존재 cried out 절규했다 soul 영혼

024 Jane Eyre - Charlotte Brontë

I have for the first time found what I can truly love—
I have found you.

You are my sympathy,
my better self, my good angel.
I am bound to you
with a strong attachment.

I think you good, gifted, lovely.
A fervent, solemn passion is in my heart;
it draws you to my centre of life,
wraps my existence about you,
and kindling in pure flame,
fuses you and me in one.

제인 에어 _ 샬롯 브론테

나는 처음으로 진정 사랑할 수 있는 존재
—바로 당신을 찾았소.

당신은 나의 공감,
나의 더 나은 자아, 나의 선한 천사요.
나는 강한 애착으로
당신과 묶여 있소.

나는 당신이 선하고, 재능 있고, 아름답다고 생각하오.
뜨겁고 장엄한 열정이 내 마음에 있소.
그것이 당신을 내 삶의 중심으로 끌어당겼고,
내 존재는 당신을 둘러싸고,
순결한 불꽃으로 타올라
당신과 나를 하나로 융합합니다.

Jane Eyre

sympathy 공감 attachment 애착 gifted 재능 있는 fervent 열렬한 solemn 장엄한, 진지한 existence 존재 kindling 불붙는, 타오르는 fuse 융합하다

025 Villette – Charlotte Brontë

Loneliness came upon me,
and I felt regret at leaving home.
But soon I rallied,
reminding myself I had no true home,
no mother, no kind Mrs. Reed.

The future must be my only reliance.
So I wiped away my tears,
and tried to lift my spirits.

In solitude I found resolve,
and in that quiet strength,
a courage to endure
what life would bring.

빌레트 _ 샬롯 브론테

외로움이 밀려들었고,
집을 떠난 게 후회스러웠다.
그러나 곧 내게는 진정한 집도,
어머니도, 친절한 리드 부인도 없다는
사실을 생각하며 마음을 다잡았다.

앞날이 오직 내 의지가 되어야 했다.
나는 눈물을 닦아내고
용기를 내려고 애썼다.

고독 속에서 나는 결심을 찾았고,
그 조용한 힘 속에서
인생이 던져줄 시련을 견딜 용기를 얻었다.

loneliness 외로움 rallied 마음을 다잡았다, 기운을 되찾았다 reliance 의지, 의탁
spirits 기운, 마음가짐 solitude 고독 resolve 결심, 굳은 의지 endure 견디다, 버티다

026 Middlemarch – George Eliot

Dorothea Brooke's beauty shone
even in her plain dress;
her stature and bearing
seemed dignified in simplicity.

Her mind was ardent, eager for lofty ideals
and self-devotion to great ends.
She knew passages of Pascal and Jeremy Taylor,
and longed for a higher purpose.

Yet her daily life was filled with trivial duties.
She felt caged by circumstance,
her spirit restless,
seeking a greater light beyond the narrow day.

미들마치 _ 조지 엘리엇

도로시아 브룩의 아름다움은
소박한 옷차림 속에서도 빛났고,
그녀의 모습과 태도는
단순함 속에서 고귀해 보였다.

그녀의 마음은 뜨겁고, 숭고한 이상을 갈망하며
더 큰 목적을 향한 헌신을 원했다.
파스칼과 제러미 테일러의 구절을 외우며,
더 높은 삶을 꿈꾸었다.

그러나 그녀의 일상은 사소한 의무들로 가득 차 있었다.
환경에 갇힌 듯한 답답함 속에서도
그녀의 영혼은 잠시도 쉬지 않고
좁은 나날을 넘어 더 큰 빛을 찾고 있었다.

Middlemarch

---

plain 소박한 stature 키, 신장 bearing 몸가짐 ardent 열정적인 lofty 숭고한 devotion 헌신 trivial 사소한 circumstance 환경 restless 가만있지 못하는

Silas Marner – George Eliot

The child had fallen asleep before the hearth,
her small hand lying open,
as if in silent appeal.

Silas looked at her
and felt a strange tenderness,
a warmth rising in his withered heart.

For years he had counted only his gold,
finding comfort in its glitter.

Now the coins were gone,
and in their place was this living treasure,
sent to him, it seemed,
to give back love long denied.

사일러스 마너 _ 조지 엘리엇

아이는 난롯가에서 잠들어 있었고,
그 작은 손은 마치 말 없는 호소처럼
펼쳐져 있었다.

사일러스는 그녀를 바라보며
낯선 다정함을 느꼈고,
따스한 온기가 메마른 가슴에 차올랐다.

수년 동안 그는 오직 황금만 세며
그 반짝임에서 위안을 찾았다.

그러나 이제 황금은 사라지고,
그 자리에 살아 있는 보물이 왔다.
오랫동안 부정당했던 사랑을
돌려주려는 듯이.

Silas Marner

hearth 난로 앞, 화덕 appeal 호소, 간청 tenderness 다정함, 애정 withered 메마른, 시든 treasure 보물 denied 거부된, 부정당한

 028 The Mill on the Floss – George Eliot

Maggie wandered by the river,
sitting beneath the great willow roots,
watching the water hurry toward the sea.

To her the river was like life itself,
rushing forward with restless energy,
carrying all things to an unseen end.

Her heart swelled with longings unspoken,
with dreams of a world beyond her narrow days.

The flowing current seemed to call her,
promising a fate larger
than the life she knew.

플로스강의 물방앗간 _ 조지 엘리엇

매기는 강가를 거닐다가
커다란 버드나무 뿌리 아래 앉아
바다로 달려가는 물을 바라보았다.

그녀에게 강은 인생 그 자체 같았다.
끊임없는 힘으로 앞으로 달려가며
보이지 않는 끝까지 모든 것을 실어 나르고 있었다.

그녀의 가슴은 말로 다 못할 갈망으로 벅차올랐고,
좁은 나날을 넘어서는 세계를 꿈꾸었다.

흐르는 물결은 그녀를 부르는 듯했고,
지금의 삶보다 더 큰 운명을 약속하는 것만 같았다.

The Mill on the Floss

wander 거닐다 willow 버드나무 hurry toward ~로 급히 향하다 restless 끊임없는 unseen end 보이지 않는 끝 longings 갈망, 열망 narrow days 좁은 나날 current 흐름, 물결 fate 운명

The Scarlet Letter - Nathaniel Hawthorne

On the breast of her gown,
in fine red cloth and rich embroidery,
appeared the letter A,
so striking it seemed to burn with meaning.

With her child in her arms,
Hester stood upon the scaffold,
facing the gathered crowd.
Their eyes were fixed on her—
some in scorn, some in pity.

Yet she endured their gaze in silence,
her face calm, her spirit unbroken,
marked forever
by that glowing symbol.

주홍글씨 _ 너새니얼 호손

그녀의 긴 겉옷 가슴 위에,
고운 붉은 천에 화려하게 수놓인
A라는 글자가 나타났고,
그 의미는 불타는 듯 강렬했다.

아이를 품에 안고
헤스터는 단두대에 서서
모여든 군중을 마주했다.
사람들의 시선은 그녀에게 고정되어 있었다―
어떤 이는 경멸로, 어떤 이는 연민으로.

그러나 그녀는 침묵 속에서 그들의 시선을 견뎌냈다.
그녀의 얼굴은 차분했고, 영혼은 꺾이지 않았다.
그 빛나는 상징에 의해
영원히 새겨진 채로.

The Scarlet Letter

embroidery 자수, 장식 scaffold 단두대, 처형대 scorn 경멸 pity 연민 endure 견디다, 참다 unbroken 꺾이지 않은

The House of the Seven Gables
– Nathaniel Hawthorne

Half a century had passed
since the house of the seven gables was built.
Its moss-grown roof and clustered chimneys
gave it a venerable, ancient look.

Yet the mansion's aspect was gloomy;
the dusky gables frowned upon the street,
and the passer-by felt its shadow.

The house stood like a monument of the past,
whispering of old sins and hidden secrets,
a place both fearful and fascinating,
as if its very walls were alive.

일곱 박공의 집 _ 너새니얼 호손

일곱 박공의 집이 지어진 지
반세기가 흘렀다.
이끼 낀 지붕과 빽빽한 굴뚝들은
그 집에 고색창연한 인상을 주었다.

그러나 저택의 모습은 음울했고,
어두운 박공들은 거리를 향해 찡그린 듯했으며,
지나는 이들은 그 그림자를 느꼈다.

그 집은 과거의 기념비처럼 서 있었고,
옛 죄와 숨겨진 비밀을 속삭였다.
두려움과 매혹을 동시에 불러일으키며,
마치 그 벽 자체가 살아 있는 듯했다.

The House of the Seven Gables

moss-grown 이끼 낀 venerable 고색창연한 aspect 외관, 모습 dusky 어두운, 음울한 frown upon ~을 찡그리다 monument 기념비 whispering 속삭이는

031 Moby-Dick – Herman Melville

"There she blows! There she blows!"
The cry rang out across the sea.
Far off, a white spout rose, glittering in the sun.

"It is Moby Dick!"
The harpooners rushed to their boats,
and the crew trembled with awe and dread.

The great White Whale,
vast and terrible,
had shown himself at last.

The ocean seemed to quake around him,
as if fate itself
had taken visible form upon the waves.

모비 딕 _ 허먼 멜빌

"저기 고래가 나타났다! 고래가 나타났다!"
외침이 바다 위에 울려 퍼졌다.
멀리서 하얀 분수가 솟아올라 햇빛 속에서 반짝였다.

"모비 딕이다!"
작살잡이들은 각자의 보트로 달려갔고,
선원들은 경외심과 두려움에 떨었다.

거대한 흰 고래,
광대하고 무시무시한 존재가
마침내 모습을 드러냈다.

바다는 그 주위에서 흔들리는 듯했고,
마치 운명 자체가
물결 위에 그 모습을 드러낸 듯했다.

Moby-Dick

---

blow (고래가 내뿜는) 분수, 숨결 spout 물줄기, 분출 harpooner 작살잡이 awe 경외, 두려움 dread 공포, 두려움 quake 흔들리다, 진동하다 fate 운명

Billy Budd - Herman Melville

Billy Budd, a sailor of twenty-one,
was taken from the merchant ship Rights-of-Man
to serve in the navy.

He was a picture of health and strength,
with a nature so simple and kind
that all who knew him loved him.

In his form was the suggestion of young Adam before the Fall—
strength joined with beauty,
and a Christ-like innocence
that made him seem
the very embodiment of natural goodness.

빌리 버드 _ 허먼 멜빌

스물한 살의 선원 빌리 버드는
인권호 상선에서 차출되어
해군에 복무하게 되었다.

그는 건강과 힘의 화신이었고,
소박하고 친절한 성품으로,
그를 아는 모든 이들은 그를 사랑했다.

그의 모습은 타락하기 전의 젊은 아담을 연상시켰다.
아름다움과 결합된 힘과
그리스도와 같은 순결함은
그를 자연스러운 선의 화신으로 보이게 했다

merchant ship 상선 serve in the navy 해군에 복무하다 picture of ~ ~의 전형, 화신 suggestion of ~ ~을 떠올리게 하는 것 Adam before the Fall 타락 이전의 아담 (순수·무구의 상징) Christ-like 그리스도 같은 innocence 순결, 순수 embodiment 화신, 구현

033 Typee – Herman Melville

The valley opened before us,
more beautiful than anything I had ever seen.
Palms and coconut groves waved in the air,
and clear streams ran among the rocks.

The fragrance of flowers drifted on the wind,
and the people of Typee came forth,
their faces bright with curiosity and kindness.

To my weary eyes it seemed a paradise,
a scene of freedom and repose,
a world untouched by civilized men,
where nature still reigned unbroken.

타이피 _ 허먼 멜빌

계곡은 우리 앞에 펼쳐졌고,
이제껏 내가 본 어떤 것보다도 아름다웠다.
야자수와 코코넛 숲이 바람에 흔들렸고,
맑은 시냇물이 바위 사이로 흘렀다.

꽃 향기가 바람을 타고 떠돌았고,
타이피 사람들이 앞으로 나왔는데,
그들의 얼굴은 호기심과 친절로 빛났다.

내 지친 눈에 그것은 낙원처럼 보였다.
자유와 평온의 풍경,
문명의 손길이 닿지 않은 세계,
자연이 온전히 지배하는 곳이었다.

grove 작은 숲, 수풀 fragrance 향기 drift (바람·물에) 흘러가다, 떠돌다 curiosity 호기심 repose 평온, 안식 untouched 손대지 않은 civilized 문명화된 reign 지배하다

034 The Adventures of Tom Sawyer

– Mark Twain

Tom came with a bucket of whitewash
and a long-handled brush.
He looked at the fence,
thirty yards long and nine feet high,
and all joy left him.

For a moment he felt life a burden,
the task hopeless and dull.
He dipped his brush
and passed it along the board,
then stepped back, discouraged.

Yet soon a thought struck him—
if he made the work seem grand,
perhaps others would long to do it.

톰 소여의 모험 _ 마크 트웨인

톰은 흰색 페인트 양동이와
긴 자루가 달린 붓을 들고 왔다.
그는 울타리를 쳐다보았다.
30야드 길이, 9피트 높이였다.
그러자 모든 기쁨이 사라졌다.

잠시 그는 인생이 짐처럼 느껴졌고,
그 일은 절망적이고 따분해 보였다.
그는 붓을 담가 울타리 판자를 칠하고 나서,
뒤로 물러나 바라보고는 실망했다.

그러나 곧 번쩍 생각이 떠올랐다—
이 일을 대단해 보이게 만든다면,
아마 다른 아이들이 하고 싶어 할 거야.

The Adventures of Tom Sawyer

whitewash 백색 도료 board fence 판자 울타리 burden 짐, 부담 discouraged 낙담한, 기운 빠진 thought struck him 생각이 번뜩 떠올랐다 grand 거창한, 웅장한

035 Adventures of Huckleberry Finn
― Mark Twain

It was a mighty fine night,
the river quiet and smooth,
the moon shining over all.

I lay down in the canoe
and let the water sing me to sleep.
There warn't no home like a raft, after all.

Other places felt cramped and smothery,
but the raft did not.
On the river I felt free,
easy and comfortable,
as if the wide sky above
was roof enough for me.

허클베리 핀의 모험 _ 마크 트웨인

그날 밤은 참으로 멋진 밤이었다.
강은 고요하고 잔잔했고,
달빛은 모든 것을 비추고 있었다.

나는 카누에 몸을 눕히고
강물이 자장가처럼 잠을 재우도록 맡겼다.
결국 뗏목만 한 집은 없었다.

다른 곳은 답답하고 숨 막혔지만,
뗏목은 그렇지 않았다.
강 위에서는 자유로웠고,
편안하고 안락했으며,
머리 위의 넓은 하늘이
집의 지붕처럼 충분히 느껴졌다.

Adventures of Huckleberry Finn

---

canoe 카누, 작은 배 warn't (= wasn't) ~이 아니었다 (당시 구어체) raft 뗏목 cramped 비좁은, 답답한 smothery 숨 막히는, 답답한 (방언적 표현) comfortable 편안한, 안락한

036 The Prince and the Pauper - Mark Twain

In old London, two boys were born on the same day.

Tom Canty, poor and unwanted,
entered the world in Offal Court,
amid hunger and blows.

Edward Tudor, heir to the throne,
was welcomed with joy,
England's long-desired Prince of Wales.

One clothed in rags, the other in splendor,
their lives began worlds apart.
Yet fate prepared to join them,
and through their meeting,
the story of England would be altered.

왕자와 거지 _ 마크 트웨인

옛 런던에서 두 소년이 같은 날 태어났다.

가난하고 원치 않던 아이 톰 캔티는
오펄 코트에서
굶주림과 매질 속에 세상에 나왔다.

왕위 계승자 에드워드 튜더는 기쁨 속에 맞이되었으니,
영국이 오랫동안 바라던 웨일스의 왕자였다.

한쪽은 누더기 옷을 입고, 다른 한쪽은 화려함에 둘러싸여
그들의 삶은 전혀 다르게 시작되었다.
그러나 운명은 둘을 이어줄 준비가 되어 있었고,
그들의 만남을 통해서
영국의 이야기는 바뀌게 될 것이었다.

The Prince and the Pauper

heir 상속인, 계승자 throne 왕위 splendor 화려함, 장엄함 rags 누더기 옷 fate 운명
alter 바꾸다, 변화시키다

037 The Turn of the Screw – Henry James

I felt a vision of evil near,
so real it made me tremble.

The children, silent and beautiful,
watched me with fixed eyes,
as if caught by a secret spell.

The old house,
with its empty rooms and corridors,
seemed full of whispers and shadows.

Something unseen pressed on me,
a presence watching in silence.
Fear grew in my heart,
as if the very air around us
was haunted by dark secrets.

나사의 회전 _ 헨리 제임스

사악한 기운이 가까이 도사리고 있었고,
그것은 너무도 현실 같아 나를 떨게 만들었다.

아이들은 조용히 아름답게
마치 비밀스러운 주문에 걸린 것처럼
나에게 시선을 고정하고 있었다.

그 오래된 저택은
텅 빈 방들과 복도들 속이 온통
속삭임과 그림자로 가득 찬 듯했다.

보이지 않는 무언가가 나를 짓눌렀고,
침묵 속에서 지켜보는 존재가 있었다.
내 가슴 속에서 두려움이 점점 차올랐다.
마치 우리를 둘러싼 공기 자체가
어두운 비밀에 사로잡힌 듯했다.

The Turn of the Screw

tremble 떨다, 전율하다 fixed eyes 고정된 눈빛 spell 주문, 마법 corridor 복도
whisper 속삭임 shadow 그림자 unseen 보이지 않는 presence 존재, 기운 haunted 귀신 들린, 불길한

038 The Portrait of a Lady - Henry James

Isabel Archer was a young woman
with a thirst to see the world.
She longed to look at life for herself,
to exercise her own judgment,
and to walk a path of her own choosing.

Her imagination was qui ck,
her mind eager for knowledge,
catching the colors of life wherever they appeared.

Better, she thought,
to judge with her own eyes
than to follow the guidance of others,
for freedom was her deepest desire.

여인의 초상 _ 헨리 제임스

이사벨 아처는 세상을 보고자 하는
갈증을 지닌 젊은 여인이었다.
그녀는 스스로 삶을 바라보고,
자신의 판단력을 발휘하며,
자신이 선택한 길을 걷고 싶었다.

그녀의 상상력은 민첩했고,
그녀의 마음은 지식을 갈망했으며,
어디서든 삶의 빛깔을 포착하려 했다.

그녀는 생각했다.
다른 사람들의 지침을 따르는 것보다
자신의 눈으로 판단하는 것이 낫다고.
자유는 그녀의 가장 깊은 갈망이었기 때문이다.

The Portrait of a Lady

thirst (for) 갈망, 갈증 exercise (judgment) (판단을) 발휘하다 imagination 상상력
eager 간절히 원하는, 열망하는 guidance 인도, 지도 freedom 자유

Washington Square – Henry James

Catherine Sloper was quiet and shy by nature,
not quick of speech,
but gentle, docile, and reasonable.

She was modest in all things,
finding her deepest pleasure in being useful.
There was a mildness in her manner
that sometimes made her seem less clever than she was.

She was perfectly truthful,
and though not brilliant,
she was kind and affectionate,
a good heart living under her father's stern gaze.

워싱턴 스퀘어 _ 헨리 제임스

캐서린 슬로퍼는 본래 조용하고 수줍은 성격으로,
말이 빠르지는 않았지만
온화하고 유순하며 이성적인 사람이었다.

그녀는 모든 면에서 겸손했으며,
누군가에게 도움이 되는 일에서 가장 깊은 기쁨을 찾았다.
그녀의 온화한 태도는
때로는 실제보다 덜 영리해 보이게 만들기도 했다.

그녀는 언제나 진실했으며,
비록 눈부신 재능은 없었지만
친절하고 다정한 마음을 지닌,
아버지의 엄격한 시선 아래 살아가는 선한 존재였다.

Washington Square

shy 수줍은 docile 온순한, 유순한 reasonable 이성적인, 합리적인 modest 겸손한
mildness 온화함 truthful 진실한 affectionate 다정한, 애정 어린 stern 엄격한

040 The Picture of Dorian Gray - Oscar Wilde

Dorian Gray looked upon his portrait,
struck by the cruel contrast it promised.
He would grow old and dreadful,
while the picture stayed forever young.

A desperate longing rose in him:
if only it were reversed—
he to remain in youth,
and the portrait to bear the marks of time.

For that exchange,
he would give anything,
yes, even his very soul,
to know eternal beauty and pleasure.

도리언 그레이의 초상 _ 오스카 와일드

도리언 그레이는 자신의 초상을 바라보며
그 속에 담긴 잔혹한 대비에 충격을 받았다.
그는 늙고 추해지겠지만,
그 그림은 영원히 젊은 채로 남을 것이다.

절박한 갈망이 그의 마음속에 솟구쳤다.
만약 그게 반대로만 된다면—
그는 영원히 젊고,
초상화가 세월의 흔적을 짊어진다면.

그런 교환을 위해서라면
그는 무엇이든 주리라.
그렇다, 그의 영혼조차도.
영원한 젊음과 쾌락을 얻기 위해서라면.

The Picture of Dorian Gray

portrait 초상화 contrast 대비, 대조 dreadful 끔찍한, 두려운 longing 갈망, 열망
reverse(d) 뒤바꾸다, 반대로 하다 marks of time 세월의 흔적 exchange 교환 soul 영혼
eternal 영원한

041 The Importance of Being Earnest

– Oscar Wilde

Algernon: The truth is rarely pure,
and never simple.

Life would be very dull
if it were either.

Gwendolen: I never travel without my diary.
One should always have something sensational to read
in the train.

Jack: It is a terrible thing for a man
to find out suddenly
that all his life he has been speaking
nothing but the truth.

진지함의 중요성 _ 오스카 와일드

앨저넌: 진실이란 결코 순수하지 않고,
또한 결코 단순하지 않아요.

만약 진실이 그런 거라면,
삶은 무척 지루해질 겁니다.

그웬돌렌: 저는 여행할 때 절대 일기를 빼놓지 않아요.
기차 안에서는 언제나
흥미진진한 읽을거리가 필요하니까요.

잭: 한 남자가,
자신이 평생토록 한 말이
모두 진실뿐이었다는 사실을 갑자기 깨닫는다면,
그건 끔찍한 일이겠지요.

The Importance of Being Earnest

rarely 순수하게, 드물게 pure 순수한 dull 지루한 sensational 자극적인, 흥미진진한
terrible 끔찍한

Lady Windermere's Fan – Oscar Wilde

Lord Darlington:
We are all in the gutter,
but some of us are looking at the stars.

Lady Windermere:
I think life is terrible—
men and women misunderstand each other so completely.

Lord Darlington:
It is absurd to divide people
into the good and the bad.
People are simply charming
or tedious.

윈더미어 부인의 부채 _ 오스카 와일드

달링턴 경:
우리는 모두 도랑 속에 있지만,
그중 몇 사람은 별을 바라보고 있지요.

윈더미어 부인:
저는 인생이 끔찍하다고 생각해요—
남자와 여자는 서로를 완전히 오해하니까요.

달링턴 경:
사람을 선한 자와 악한 자로
나누는 건 어리석습니다.
사람은 그저 매혹적이거나
지루할 뿐이지요.

Lady Windermere's Fan

gutter 도랑, 하수구 **absurd** 어리석은, 부조리한 **charming** 매혹적인 **tedious** 지루한

043 Treasure Island – Robert Louis Stevenson

The old sea-dog lifted his voice,
singing a rough refrain:

"Fifteen men on the dead man's chest—
Yo-ho-ho, and a bottle of rum!
Drink and the devil had done for the rest—
Yo-ho-ho, and a bottle of rum!"

The words rolled across the tavern,
wild and grim,
filling the air with a taste of the sea.
To those who listened,
it spoke of hidden gold,
of treachery and blood,
the song of adventure and death.

보물섬 – 로버트 루이스 스티븐슨

늙은 선원은 목소리를 높여
거친 후렴구를 불렀다.

"죽은 자의 가슴 위에 열다섯 명—
요호호, 그리고 럼주 한 병!
술과 악마가 나머지를 데려갔네—
요호호, 그리고 럼주 한 병!"

그 말은 주막 안에 울려 퍼지며
거칠고 음울하게
바다의 기운을 가득 채웠다.
듣는 이들에게 그것은
숨겨진 금화와 배신,
피와 모험의 노래였고,
죽음의 그림자가 깃든 노래였다.

sea-dog 늙은 선원, 뱃사람 refrain (노래의) 후렴 grim 음울한, 엄혹한 tavern 주막, 선술집 treachery 배신, 반역 rum 럼주 (해적들이 즐겨 마시던 술)

044 Strange Case of Dr Jekyll and Mr Hyde
– Robert Louis Stevenson

I came to see the duality of man,
two natures forever at war within me.
One was noble and just,
the other dark and corrupt.

How could I be true to both?
If only they might be housed
in separate identities, life would be freed
from its crushing burden.

So grew my fatal curiosity,
and with it the resolve to test
an experiment that would divide my being,
and set free each self apart.

지킬 박사와 하이드 씨 _ 로버트 루이스 스티븐슨

나는 인간의 이중성을 보게 되었다.
내 안에는 언제나 싸우는 두 본성이 있었다.
하나는 고결하고 정의로웠고,
다른 하나는 어둡고 타락해 있었다.

어떻게 나는 둘 다에 진실할 수 있었을까?
만약 각각을 별개의 정체성 안에
따로 담을 수 있다면, 삶은 그 짓누르는 짐에서
해방될 수 있으리라.

그리하여 치명적인 호기심이 자라났고,
나를 분리하려는 실험의 결심이 형성되었다.
그리고 그 순간, 각각의 자아가 따로 풀려나게 되었다.

Strange Case of Dr Jekyll and Mr Hyde

duality 이중성, 두 가지 성격 noble 고결한, 고상한 corrupt 타락한, 부패한 identity 정체성 burden 짐, 부담 fatal 치명적인 experiment 실험 divide 나누다, 분리하다

045 Kidnapped - Robert Louis Stevenson

At seventeen I was left alone,
with no fortune and no friends.
My parents were dead,
and the world seemed vast and uncertain.

Yet I carried a few coins in my pocket,
and a great courage in my heart.
I resolved to set out at once
for the House of Shaws, near Cramond,
to seek my fortune.

Thus began my journey,
with youth, hope, and peril before me,
summoning me toward the unknown.

납치 _ 로버트 루이스 스티븐슨

열일곱의 나는 홀로 남겨졌다.
재산도 친구도 없었다.
부모님은 모두 돌아가셨고,
세상은 광막하고 불확실하게 보였다.

그러나 주머니에는 약간의 돈이 있었고,
가슴에는 큰 용기가 있었다.
나는 곧장 크레이먼드 근처의
쇼즈 저택으로 가서
내 운명을 찾기로 결심했다.

이렇게 나의 여정이 시작되었다.
젊음과 희망, 그리고 위험이 앞에 있었고,
그 모든 것이 나를 미지의 세계로 불러내고 있었다.

Kidnapped

fortune 재산, 운명   resolve(d) 결심하다, 결의하다   vast 광활한, 광대한   uncertain 불확실한   peril 위험, 위기   summon 불러내다, 소환하다

046 The Tell-Tale Heart - Edgar Allan Poe

True!—nervous—very, very dreadfully nervous
I had been and am;
but why will you say that I am mad?

The disease had sharpened my senses—
not destroyed, not dulled them.
Above all was the sense of hearing acute.
I heard all things in the heaven and in the earth.
I heard many things in hell.

How, then, am I mad?
Hearken! and observe how healthily—how calmly
I can tell you the whole story.

고자질하는 심장 _ 에드거 앨런 포

그렇다!—나는 신경질적이었고,
지금도 몹시, 참을 수 없을 만큼 신경이 곤두서 있다.
그러나 어찌하여 사람들이
나를 미쳤다고 말하는가?

병은 내 감각을 날카롭게 만들었을 뿐,
파괴하거나 흐리게 하지 않았다.
무엇보다도 청각이 예민해졌다.
나는 하늘과 땅의 모든 소리를 들었다.
심지어 지옥에서 울려오는 소리까지도.

그런데도 내가 미쳤단 말인가?
들어라! 그리고 보아라,
내가 얼마나 온전하고, 얼마나 차분하게
이 이야기를 들려줄 수 있는지를.

The Tell-Tale Heart

dreadfully 몹시, 끔찍하게 **sharpened** 날카롭게 하다, 예민하게 하다 **dulled** 흐리게 하다, 무디게 하다 **acute** 예민한, 날카로운 **hearken** 경청하다

047 The Fall of the House of Usher

– Edgar Allan Poe

During the whole of a dull, dark, and soundless day
in the autumn of the year,
when the clouds hung oppressively low in the heavens,

I had been passing alone,
on horseback,
through a singularly dreary tract of country;

and at length found myself,
as the shades of the evening drew on,
within view of the melancholy House of Usher.

어셔 가의 몰락 _ 에드거 앨런 포

하늘 가득 잿빛 구름이 묵직하게 깔려
음울하고 어둡고 고요하던 어느 가을날,

나는 홀로 말을 타고
유난히 황량한 들판을 지나고 있었다.

그리고 마침내,
저녁의 그림자가 드리워질 무렵,
쓸쓸하고 음산한 어셔가家의 저택이 눈에 들어왔다.

The Fall of the House of Usher

dull 음울한, 흐릿한 oppressively 답답하게, 압도적으로 dreary 황량한, 음울한 tract 넓은 지역, 지대 melancholy 쓸쓸한, 우울한

# The Masque of the Red Death

– Edgar Allan Poe

The Red Death had long devastated the country.
No pestilence had ever been so fatal, or so hideous.

Blood was its Avatar and its seal —
the redness and the horror of blood.

But the Prince Prospero was happy
and dauntless and sagacious.

When his dominions were half depopulated,
he summoned to his presence a thousand hale and light-hearted friends,
and with these retired to the deep seclusion of one of his castellated abbeys.

적사병 가면 _ 에드거 앨런 포

적사병이 오래도록 나라를 황폐화시켰다.
그렇게 치명적이고 그렇게 끔찍한 역병은 이제껏 없었다.

피는 적사병의 화신이자 증거였다—
피의 붉음과 공포.

하지만 프로스페로 왕자는 행복하고,
겁 없고, 영리한 사람이었다.

나라의 인구가 절반으로 줄어들자,
그는 건강하고 쾌활한 친구들을 천 명 불러들여,
그들을 데리고 성채 같은 수도원으로 깊이 숨어 들어갔다.

The Masque of the Red Death

pestilence 역병, 전염병 fatal 치명적인 hideous 끔찍한, 흉측한 Avatar 화신, 구현
dauntless 두려움 없는 sagacious 영리한, 현명한 castellated 성채 같은

049　Leaves of Grass － Walt Whitman

I celebrate myself, and sing myself,
And what I assume you shall assume,
For every atom belonging to me as good belongs to you.

I loafe and invite my soul,
I lean and loafe at my ease observing a spear of summer grass.

My tongue, every atom of my blood, form'd from this soil, this air,
Born here of parents born here from parents the same,
And their parents the same.

풀잎 _ 월트 휘트먼

나는 나 자신을 찬미하고, 나 자신을 노래한다.
내가 받아들이는 것을, 그대 또한 받아들일 것이니,
내게 속한 모든 원자는 그대의 것이기도 하다.

나는 한가로이 거닐며 내 영혼을 초대한다.
여름 풀잎 하나를 바라보며, 편히 기댄 채 쉰다.

나의 혀, 내 피의 모든 원자는 이 땅과 이 공기에서 왔다.
여기서 태어난 부모에게서, 또 그 부모의 부모에게서,
대대로 이어져 내려왔다.

Leaves of Grass

celebrate 찬미하다, 기리다 assume 받아들이다, 전제하다 atom 원자, 작은 존재
loafe 한가로이 쉬다, 게으름 피우다 spear of grass 풀잎 한 줄기 soil 흙, 땅

 ## Because I could not stop for Death

– Emily Dickinson

Because I could not stop for Death –
He kindly stopped for me –

The Carriage held but just Ourselves –
And Immortality.

We slowly drove – He knew no haste –
And I had put away
My labor and my leisure too,
For His Civility –

We passed the School, where Children strove
At Recess – in the Ring –
We passed the Fields of Gazing Grain –
We passed the Setting Sun –

내가 죽음을 위해 멈출 수 없었기에 _에밀리 디킨슨

내가 죽음을 위해 멈출 수 없었기에 –
그가 친절히 나를 위해 멈추어 주었다.

마차에는 오직 우리 둘,
그리고 불멸만이 함께 타고 있었다.

우리는 느리게 달렸다 –
그는 서두름을 몰랐고,
나는 내 노동도, 내 여가도
그의 정중함 앞에 내려놓았다.

우리는 학교를 지나쳤다,
아이들이 쉬는 시간에 원을 그리며 놀고 있었고 –
우리는 황금빛 곡식밭을 지나쳤다 –
우리는 저무는 해를 지나쳤다 –

Because I could not stop for Death

Immortality 불멸, 영원 Civility 공손함, 정중함 Recess 휴식 시간, 쉬는 시간 Grain 곡식, 낟알 Setting Sun 저무는 해, 석양

051 Self-Reliance – Ralph Waldo Emerson

Trust thyself:
every heart vibrates to that iron string.

Accept the place
the divine providence has found for you;

the society of your contemporaries,
the connection of events.

Great men have always trusted themselves,
and confided childlike in the genius of their age,

betraying their perception
that the absolutely trustworthy was seated at their heart,

working through their hands,
predominating in all their being.

자립 _ 랄프 왈도 에머슨

너 자신을 믿어라.
모든 가슴은 그 강철 같은 현에 맞춰 울린다.

신성한 섭리가
너를 위해 마련한 자리를 받아들여라.

동시대를 사는 이들의 사회와,
사건들의 연관성을 받아들여라.

위대한 사람들은 언제나 자신을 믿었다.
그리고 아이처럼 그 시대의 영혼을 신뢰했다.

그들은 알아차렸다.
진정으로 믿을 만한 것이 자신의 가슴 깊은 곳에 자리하여,
손을 통해 일하고,
존재 전부에 스며 있음을.

Self-Reliance

providence 섭리 contemporaries 동시대인들 confide 신뢰하다 perception 인식, 통찰 predominate 지배하다, 두드러지다

052 Walden – Henry David Thoreau

I went to the woods
because I wished to live deliberately,

to front only the essential facts of life,
and see if I could not learn what it had to teach,

and not, when I came to die,
discover that I had not lived.

I did not wish to live what was not life,
living is so dear;

nor did I wish to practice resignation,
unless it was quite necessary.

월든 _ 헨리 데이비드 소로

내가 숲으로 간 것은
의도적으로 살고 싶었기 때문이었다.

삶의 본질적인 사실들만 마주하여,
내가 배우지 못한 그들의 가르침을 확인하고,

죽음이 닥쳤을 때,
내가 제대로 살지 못했다는 걸 깨닫지 않으려는 것이었다.

나는 삶답지 않은 삶을 살고 싶지 않았다.
삶은 그토록 소중하기 때문이다.

또한 꼭 필요한 경우가 아니라면,
체념을 습관으로 삼고 싶지도 않았다.

deliberately 신중하게, 의도적으로 **essential** 본질적인, 필수의 **resignation** 체념, 포기
dear 소중한, 귀중한

053 Eveline - James Joyce

She sat at the window,
watching the evening invade the avenue.
Her head was leaned against the curtains,
and in her nostrils was the odour of dusty cretonne.

She was tired.
Few people passed.
The man out of the last house passed on his way home.

She heard his footsteps clacking along the concrete pavement
and afterwards the clatter of the boys' boots
as they ran along the cinder path.

이블린 _ 제임스 조이스

그녀는 창가에 앉아서
저녁이 밀려드는 가로수길을 지켜보고 있었다.
머리를 창문 커튼에 기대고 있어서
먼지 낀 크레톤 냄새가 매캐하게 코를 찔렀다.

피곤했다.
지나는 사람은 별로 없었다.
맨 끝에 있는 집에서 나온 남자가 집 앞을 지나갔다.

콘크리트 보도 위를 뚜벅뚜벅 걷는 발소리가 들렸다.
그리고 나중에 자갈길 위를 달려가는 아이들의 부츠 소리가 들렸다.

invade 스며들다, 침투하다 odour 냄새, 향기 cretonne 크레톤(두꺼운 면직 커튼천)
clack 딸깍거리는 소리 clatter 달그락거림, 덜거덕 소리

054 A Portrait of the Artist as a Young Man
– James Joyce

Once upon a time and a very good time it was
there was a moocow coming down along the road,

and this moocow that was coming down along the road
met a nicens little boy named baby tuckoo.

His father told him that story:
his father looked at him through a glass.

He was baby tuckoo.

The moocow came down the road where Betty Byrne lived:
she sold lemon platt.

젊은 예술가의 초상 _ 제임스 조이스

옛날 옛적, 아주 좋았던 시절에
젖소 한 마리가 길을 따라 내려오고 있었다.

길을 따라 내려오던 젖소는
아기 터쿠라는 멋진 작은 소년을 만났다.

그의 아버지가 그에게 그 이야기를 들려주었다.
그의 아버지는 안경 너머로 그를 바라보았다.

그는 바로 아기 터쿠였다.

젖소는 베티 번이 사는 길을 따라 내려왔다.
그녀는 레몬 사탕을 팔고 있었다.

A Portrait of the Artist as a Young Man

moocow 젖소(어린아이 말투) **tuckoo** 애칭(아기 이름처럼 쓰임) **platt** 꼬아 만든 사탕
lemon platt 레몬맛 꼬임 사탕

055 Mrs Dalloway - Virginia Woolf

Mrs. Dalloway said she would buy the flowers herself.

For Lucy had her work cut out for her.
The doors would be taken off their hinges;
Rumpelmayer's men were coming.

And then, thought Clarissa,
what a morning—fresh as if issued to children on a beach.

What a lark! What a plunge!
For so it had always seemed to her,
when, with a little squeak of the hinges,
which she could hear now,
she had burst open the French windows
and plunged at Bourton into the open air.

댈러웨이 부인 _ 버지니아 울프

댈러웨이 부인은 꽃을 직접 사겠다고 말했다.

루시는 이미 해야 할 일이 많았다.
문짝은 경첩에서 떼어내야 했고,
룸펠마이어의 일꾼들이 올 예정이었다.

그리고 클라리사는 생각했다.
아침이란 얼마나 신선한가—
마치 해변에서 아이들에게 새로 내어준 하루처럼.

정말 경이롭다! 마치 뛰어드는 듯하다!
늘 그녀에게는 그렇게 느껴졌다.
지금도 들리는 경첩의 작은 삐걱임과 함께,
프랑스식 창문을 열어젖히며
버튼의 열린 공기 속으로 뛰어들던 그 순간처럼.

Mrs Dalloway

hinges 경첩 Rumpelmayer's men 룸펠마이어의 일꾼들 (행사 준비 인부들) fresh 신선한, 상쾌한 lark 즐거움 plunge 뛰어듦 French windows 프랑스식 창문 (바닥까지 닿아 밖으로 열리는 창) open air 탁 트인 공기, 야외

056 To the Lighthouse — Virginia Woolf

Mrs. Ramsay drew her shawl about her shoulders
and sat quietly at the window.
The children's voices faded,
and for a moment the house seemed hushed.

Her gaze wandered seaward,
to the steady light of the distant lighthouse.
It shone with calm endurance,
unchanged while life around her shifted.

She thought how it would still shine,
long after they were gone,
like a promise kept through the years,
guiding, steadfast, and eternal.

등대로 _ 버지니아 울프

램지 부인은 숄을 어깨에 두른 채
창가에 조용히 앉았다.
아이들의 목소리는 희미해지고,
잠시 집안은 고요에 잠겼다.

그녀의 시선은 바다로 흘러가
멀리서 빛나는 등대의 불빛에 닿았다.
그 빛은 변함없는 인내로 반짝이며,
주변의 삶이 흔들릴 때에도 그대로였다.

그녀는 그것이 세월을 넘어
자신들이 사라진 뒤에도 여전히 빛나리라 생각했다.
마치 세월 속 약속을 지키듯,
인도하고, 굳건하며, 영원히.

To the Lighthouse

shawl 숄, 어깨에 두르는 천　**hushed** 고요해진, 정적에 잠긴　**seaward** 바다 쪽으로
steady 꾸준한, 흔들림 없는　**endurance** 인내, 지속력　**steadfast** 굳건한, 확고한
eternal 영원한

057 The Great Gatsby - F. Scott Fitzgerald

And so with the sunshine
and the great bursts of leaves growing on the trees,
just as things grow in fast movies,

I had that familiar conviction
that life was beginning over again
with the summer.

There was so much to be hopeful about,
so many things to look forward to,

that the warm air seemed to carry promises with it,
promises that one might almost believe in.

위대한 개츠비 _ F. 스콧 피츠제럴드

그렇게 햇살과 함께,
마치 2배속 영화에서 사물이 자라는 것처럼.
나무 위에서 폭발하듯 자라나는 커다란 잎사귀들,

나는 익숙한 확신을 느꼈다.
삶은 여름과 함께
다시 시작되고 있었다.

희망을 가질 만한 것이 너무 많았고,
기대할 것들도 너무 많았다.
따스한 공기가 약속을 실어 나르고 있는 듯했고,
그 약속은 거의 다 믿을 수 있을 것만 같았다.

conviction 확신 burst 폭발 promises 약속, 희망 to look forward to 기대하다

058 Tender Is the Night – F. Scott Fitzgerald

On the bright shore of the French Riviera,
facing the sapphire sea,
stood a great rose-colored hotel.

Palms bent deferentially, cooling its proud façade,
while gardens and winding paths
spread before it like a carpet.

The building reflected
a dream of leisure and permanence,
as if made for a society
who had forgotten the past, ignored the future,
and chose to live only in the present—
existing like gods in the golden sunlight of the coast.

밤은 부드러워 _ F. 스콧 피츠제럴드

프랑스 리비에라의 눈부신 해안에,
사파이어빛 바다를 마주하고
거대한 장미빛 호텔이 서 있었다.

야자수는 고개 숙여 그 화려한 외벽을 식혀주었고,
정원과 구불구불한 오솔길이
카펫처럼 그 앞에 펼쳐졌다.

그 건물은
한가로움과 영속성의 꿈을 비추었다.
마치 과거를 잊고, 미래를 외면한 채
현재만을 살아가기로 선택한 사람들—
해안의 황금빛 햇살 속에 신처럼 존재하는
사람들을 위해 지어진 것처럼.

Tender Is the Night

Riviera 리비에라, 프랑스 남부 해안 façade 건물의 정면, 외벽 winding 구불구불한, 굽은 leisure 한가로움, 여유 permanence 영속성, 지속됨 society 사회, 모임

059 The Sound and the Fury - William Faulkner

Through the fence, between the curling flower spaces,
I could see them hitting.

They were coming toward where the flag was,
and I went along the fence.

Luster was hunting in the grass by the flower tree.

They took the flag out, and they were hitting.
Then they went to the table,
and he hit and the other hit.

And I held to the fence,
watching them move in bright clothes,
their voices loud in the summer air.

음향과 분노 _ 윌리엄 포크너

울타리 너머, 뒤엉킨 꽃 사이로
나는 그들이 치는 모습을 볼 수 있었다.

그들은 깃발이 있는 곳으로 다가오고 있었고,
나는 울타리를 따라 걸어갔다.

러스터는 꽃나무 곁 풀숲을 뒤지고 있었고,

그들은 깃발을 뽑아 들더니 또다시 쳤다.
그리고 그들은 탁자로 향했고,
한 사람이 치면, 다른 사람도 쳤다.

나는 울타리를 붙잡은 채,
화려한 옷차림으로 움직이는 그들을 바라보았다.
그들의 목소리가 여름 공기 속으로 크게 울려 퍼졌다.

The Sound and the Fury

fence 울타리 flag 깃발 Luster 러스터 (등장인물 이름) bright clothes 화려한 옷차림
summer air 여름 공기

 **As I Lay Dying** - William Faulkner

Jewel and I come up from the field,
following the path in single file.

Although I am fifteen feet ahead of him,
anyone watching us from the cotton-house
can see Jewel's frayed and broken straw hat
a full head above my own.

The path runs straight as a plumb-line,
worn smooth by feet and baked hard by July,
between the green rows of laidby cotton,
to the cotton-house in the centre of the field.

내가 죽어 누워 있을 때 _ 윌리엄 포크너

주얼과 나는 들판에서 올라왔다.
좁은 오솔길을 한 줄로 따라 걸으며.

내가 그보다 열다섯 발자국 앞서 있었지만,
누구든지 목화 창고에서 우리를 본다면
해진 밀짚모자를 쓴 주얼의 머리가
내 머리보다 한 뼘은 높이 솟아 있는 것을 볼 수 있었을 것이다.

그 길은 연필로 그은 선처럼 곧게 뻗어 있었고,
수많은 발자국에 닳아 반질반질해졌으며
7월의 더위에 딱딱하게 굳어 있었다.
푸른 목화밭 줄 사이로 길은 이어져,
들판 한가운데 서 있는 목화 창고로 향하고 있었다.

As I Lay Dying

---

single file 한 줄로, 일렬로 **frayed** 해어진, 닳아 해진 **straw hat** 밀짚모자 **plumb-line** 연직선, 추(수직을 재는 줄) **laidby cotton** 김매기 끝난 목화밭

061 Heart of Darkness – Joseph Conrad

The ship lay at anchor on the Thames,
its crew silent, watching the tide.

A haze veiled the city,
the sunlight dimmed as though filtered through smoke.

Above Gravesend the air was dark,
and farther back the great town
lay shrouded in a mournful gloom,
motionless, brooding over the river.

It seemed as if the day itself
were sinking into shadow,
and the heart of an immense darkness
waited beyond the fading light.

어둠의 심연 _ 조지프 콘래드

템스 강 위에 배가 닻을 내리고 있었고,
선원들은 침묵 속에 조류를 바라보았다.

안개가 도시를 가렸고,
햇빛은 연기 사이로 걸러진 듯 희미해졌다.

그레이브센드 위의 공기는 어둑했고,
그 뒤편에는 거대한 도시가
침울한 어둠 속에 싸여
강 위에 가만히 드리워져 있었다.

마치 낮 자체가
그늘 속으로 가라앉는 듯했고,
거대한 암흑의 심장이
희미해지는 빛 너머에서 기다리고 있는 듯했다.

Heart of Darkness

anchor 닻, 정박하다 haze 연무, 옅은 안개 veil / veiled 가리다, 덮다 shroud / shrouded 감싸다, 덮다 mournful 침울한 gloom 어둠 brooding 음울하게 가라앉은

062 Lord Jim – Joseph Conrad

He was one of us,
yet always apart.
There clung to him an air of isolation,
as if no companionship had ever reached his soul.

In his face was written failure,
a single moment that had broken his life,
a burden carried in silence.

And yet, beneath the weight of shame,
there remained a strange nobility,
a dream that endured.
It was this dream, indestructible,
that set him apart and marked him forever.

로드 짐 _ 조지프 콘래드

그는 우리 중 한 사람이었으나
언제나 따로 떨어져 있었다.
그에게는 어떤 고립의 기운이 감돌았고,
그의 영혼은 한 번도 벗과 닿은 적이 없는 듯했다.

그 얼굴에는 실패가 새겨져 있었다.
삶을 무너뜨린 단 한 순간,
그는 그 짐을 침묵 속에 지니고 다녔다.

그러나 수치의 무게 아래에서도
묘한 고결함이 남아 있었고,
지워지지 않는 꿈이 타올랐다.
그 꿈은 결코 무너지지 않았고,
그를 끝내 구별짓는 영원한 표식이 되었다.

Lord Jim

isolation 고립, 고독 companionship 교제, 벗함 burden 짐, 부담 shame 수치, 부끄러움 nobility 고결함, 고상함 indestructible 무너지지 않는

063 Animal Farm – George Orwell

All animals were declared equal,
yet the wall now read:
"All animals are equal, but some are more equal than others."

The commandments, once bright and clear,
had been altered, each change favoring those in power.

What began as a dream of freedom and justice
was giving way to fear,
to silence beneath the pigs' authority.

And in the stillness of the farm,
a question lingered:
was this truly the future
for which they had shed their blood?

동물 농장 _ 조지 오웰

모든 동물은 평등하다고 선언되었지만,
이제 벽에는 이렇게 쓰여 있었다.
"모든 동물은 평등하다. 그러나 어떤 동물은 더 평등하다."

한때 뚜렷하게 새겨졌던 계명은
이미 변질되어 있었고,
모든 변화는 권력을 쥔 자들에게 유리하게 흘렀다.

자유와 정의의 꿈으로 시작된 것은
점차 두려움에 굴복했고
돼지들의 권위 밑에서 침묵했다.

그리고 농장의 고요함 속에서
하나의 의문이 남았다.
과연 이것이 진정
그들이 피 흘려 쟁취한 미래란 말인가?

Animal Farm

commandment 계명, 규율 **alter(ed)** 바꾸다, 고치다 **authority** 권위, 권력 **linger** (의문·감정 등이) 남다, 지속되다

064 1984 – George Orwell

Big Brother is watching you.
The poster's eyes followed every step,
piercing, inescapable.

On every wall the gaze remained,
and nowhere was safe—
no corner of life untouched by the Party.

Even thought was perilous,
for the silence of the mind might still betray its owner.

Yet within the darkness of fear
there glimmered a hidden spark,
a quiet rebellion refusing to die,
a fragile hope that freedom might endure.

1984 _ 조지 오웰

빅 브라더가 너를 지켜보고 있다.
포스터의 눈은 발걸음을 따라붙었고,
날카롭고 피할 수 없었다.

모든 벽 위에 그 시선이 머물렀고,
안전한 곳은 어디에도 없었다.
삶의 그 어떤 구석도 당의 시선에서 벗어나지 못했다.

심지어 생각조차 위험했으니,
마음의 침묵마저 주인을 배신할 수 있었다.

그러나 두려움의 어둠 속에서도
숨겨진 불꽃 하나가 희미하게 빛났다.
사라지지 않는 조용한 저항,
자유가 여전히 살아 있을지 모른다는 가냘픈 희망이었다.

1984

piercing 날카로운 inescapable 피할 수 없는 gaze 시선 perilous 위험한 betray 배신하다 glimmer 희미하게 빛나다 rebellion 반역, 저항 fragile 연약한

065 Sons and Lovers - D.H. Lawrence

He loved her with a passion
that gave him both pride and shame.
To surrender was joy,
yet every moment was torment.

He longed for freedom,
but life without her seemed unbearable.

Duty called him to one side,
desire to the other, and he stood helpless,
torn between two forces
that neither reason nor will could master.

Within him burned a love
that bound and broke him,
unrelenting, irresistible.unrelenting, irresistible.

아들과 연인 _ D.H. 로렌스

그는 그녀를 사랑했으나,
그 열정은 자랑이면서 동시에 부끄러움이었다.
그 사랑에 자신을 맡기는 것은 기쁨이었으나,
그 순간마다 고통이 따랐다.

그는 자유를 갈망했지만,
그녀 없는 삶은 견딜 수 없었다.

의무는 한쪽으로,
욕망은 다른 쪽으로 그를 끌어당겼고,
그는 어찌할 수 없는 채로
두 힘 사이에서 찢어졌다.

그 안에서는 사랑이 타올랐고,
그 사랑은 그를 묶으면서도 무너뜨렸으며,
끝내 거부할 수 없는 것이었다.

Sons and Lovers

passion 열정 surrender (자신을) 맡기다 torment 고통, 괴로움 unbearable 견딜 수 없는 duty 의무 desire 욕망 torn 찢긴, 갈라진 unrelenting 가차없는, 끊임없는 irresistible 거부할 수 없는

066 Women in Love — D.H. Lawrence

They longed for love,
not the shallow kind that fades with passing years,
but a union where souls might meet,
where fire and tenderness burned together in one flame.

Yet fear lingered—
the fear of surrender,
the fear of losing the self in another's embrace.

So they moved closer,
drawn by desire, then drifted apart again,
held back by dread.

Between hope and hesitation,
their hearts trembled,
caught in the depth of love's mystery.

사랑하는 여인들 _ D.H. 로렌스

그들은 사랑을 갈망했다.
세월이 흐르면 사라지는 얄팍한 사랑이 아니라,
영혼이 맞닿고,
불꽃과 다정함이 하나로 타오르는 사랑을.

그러나 두려움이 남아 있었다.
자신을 내맡기는 두려움,
타인의 품 안에서 자신을 잃을지도 모른다는 두려움.

그래서 그들은 가까이 다가섰다가,
욕망에 이끌려 몸을 기울였다가,
다시 물러서곤 했다.

희망과 머뭇거림 사이에서
그들의 가슴은 떨렸고,
사랑의 깊은 신비 속에 사로잡혀 있었다.

Women in Love

shallow 얕팍한   union 결합   tenderness 다정함음   linger (감정·상태가) 남다
surrender 항복하다   embrace 포옹   dread 두려움, 공포   hesitation 망설임, 머뭇거림
mystery 신비, 불가사의

The Rainbow - D.H. Lawrence

The Brangwens lived for generations on the land,
their days bound to the earth beneath their feet.

Life moved with the seasons—
seedtime, growth, harvest, and rest—
an eternal rhythm shaping their labor and their sleep.

Yet within them stirred a vague unrest,
a longing for horizons beyond the barns and furrows.

They looked outward,
toward roads and railways, dreaming of a wider world
where the spirit might stretch its wings
and seek a destiny greater than the farm.

무지개 _ D.H. 로렌스

브랭웬 가문은 대대로 땅 위에서 살아왔고,
그들의 날들은 발아래 흙에 묶여 있었다.

삶은 계절과 함께 흘렀다.
파종, 성장, 수확, 그리고 쉼—
영원한 리듬은 그들의 노동과 잠을 빚어냈다.

그러나 그들 안에는 막연한 불안이 일렁였고,
헛간과 밭고랑 너머의 지평을 향한 그리움이 있었다.

그들의 시선은 바깥을 향했고,
도로와 철도를 바라보며 더 넓은 세상을 꿈꾸었다.
영혼이 날개를 활짝 펴고
농장보다 더 큰 운명을 찾을 세상을.

seedtime 파종기 harvest 수확 furrow 밭고랑, 이랑 horizon 지평선, 시야 unrest 불안, 동요 destiny 운명

068 Frankenstein – Mary Shelley

I had worked hard for nearly two years,
for the sole purpose of infusing life into an inanimate body.

With an anxiety that almost amounted to agony,
I collected the instruments of life around me,
that I might bestow animation upon lifeless matter.

It was already one in the morning;
the rain pattered dismally against the panes,
and my candle was nearly burnt out,
when, by the glimmer of the half-extinguished light,
I saw the dull yellow eye of the creature open.

프랑켄슈타인 _ 메리 셸리

나는 거의 두 해 동안 열심히 일했다.
죽은 몸에 생명을 불어넣는 단 하나의 목적을 위해서.

거의 고통에 가까운 불안 속에서
나는 생명을 불어넣을 도구들을 내 곁에 모았다.
무생물에 활력을 불어넣고자 했던 것이다.

이미 새벽 1시가 되었고,
비가 창문을 희미하게 두드렸으며,
내 촛불은 거의 다 타버렸다.
그때 반쯤 꺼져가는 희미한 불빛 속에서
나는 창조물의 칙칙한 노란 눈이 떠지는 것을 보았다

infuse 불어넣다, 주입하다 inanimate 무생물의 agony 극심한 고통 animation 생명, 활력 dismally 음울하게 glimmer 희미한 빛

069 Alice's Adventures in Wonderland

– Lewis Carroll

Alice was beginning to get very tired of sitting by her sister on the bank, and of having nothing to do.

Once or twice she had peeped into the book her sister was reading, but it had no pictures or conversations in it, "and what is the use of a book," thought Alice, "without pictures or conversations?"

So she was considering in her own mind, whether the pleasure of making a daisy-chain would be worth the trouble of getting up and picking the daisies, when suddenly a White Rabbit with pink eyes ran close by her.

이상한 나라의 앨리스 _ 루이스 캐럴

앨리스는 강둑에서 언니 옆에 아무 할 일 없이
앉아 있는 것이 점점 지겨워졌다.

한두 번 언니가 읽고 있는 책을 들여다보았지만,
그 안에는 그림도 대화도 없었다.
"그림도 대화도 없는 책이 무슨 소용이람?"
라고 앨리스는 생각했다.

그래서 그녀는 마음속으로 따지고 있었다.
데이지꽃으로 목걸이를 엮는 일이
굳이 일어나서 꽃을 꺾는 수고를 할만큼 재미있을까?
그때 갑자기 분홍색 눈을 가진 하얀 토끼가
그녀 곁을 지나 휙 달려갔다.

Alice's Adventures in Wonderland

peep 엿보다, 살짝 들여다보다 **conversation** 대화 **daisy-chain** 데이지 꽃사슬, 화환
worth ~할 가치가 있는 **suddenly** 갑자기

Through the Looking-Glass - Lewis Carroll

One thing was certain,
that the white kitten had been having a grand game of romps with the ball of worsted.

Alice had been trying to wind up the tangled skein,
but the kitten ran after the loose ends,
twisting and pulling it so that it all got into a tangle again.

"Do you know what to-morrow is, Dinah?"
said Alice.
"It's Christmas Day, my dear,
and we must be ready for all sorts of merry things."

거울 나라의 앨리스 _ 루이스 캐럴

한 가지는 분명했다.
하얀 새끼 고양이가 털실 뭉치를 가지고
마음껏 뛰어놀고 있다는 사실이었다.

앨리스는 엉켜버린 실타래를 감아 올리려 애썼다.
그러나 새끼 고양이는 늘어진 실 끝을 쫓아가며
이리저리 잡아당기고 꼬아대서 모두 다시 엉망이 되어버렸다.

"내일이 무슨 날인지 아니, 다이너?"
앨리스가 말했다.
"크리스마스란다, 내 사랑,
우린 즐거운 일들을 준비해야 해."

Through the Looking-Glass

romp 뛰놀다, 장난치다 worsted 털실, 양모 실 skein (실의) 타래, 한 꾸러미 tangle 엉킴, 얽힘 merry 즐거운, 유쾌한

071 The War of the Worlds - H.G. Wells

No one would have believed,
in the last years of the nineteenth century,
that our world was being watched.

Across the gulf of space,
minds vast and cool and unsympathetic
regarded the earth with envious eyes.

As men went about their lives,
they were studied like tiny creatures
beneath a microscope.

And slowly, surely,
those higher intelligences
drew their plans against us,
preparing a fate mankind could not yet imagine.

우주 전쟁 _ H.G. 웰스

아무도 믿지 않았다.
19세기의 마지막 몇 년 동안,
우리의 세계가 감시당하고 있다는 사실을.

우주 저편에서,
거대하고 냉정하고 무정한 지성들이
질투 어린 눈으로 지구를 바라보고 있었다.

인간이 일상을 살아가는 동안,
그들은 현미경 아래 놓인 작은 생명체처럼
세밀히 연구되고 있었다.

그리고 천천히, 확실하게
더 높은 그 지성들은
인류에 적대적인 계획을 세웠고,
인류는 아직 상상조차 할 수 없는 운명을
준비하고 있었다.

The War of the Worlds

gulf (공간적) 틈, 간극, 큰 격차 vast 광대한, 거대한 unsympathetic 무정한, 냉혹한
envious 질투하는, 시기하는 microscope 현미경 fate 운명

072 The Time Machine - H.G. Wells

The Time Traveller told us
that time was but another dimension,
a kind of space unseen.

We move freely in three directions,
forward and back, up and down, side to side.
Why not also through time?

He spoke of a machine,
built to pierce that hidden axis,
to carry a man forward or backward
beyond the present moment.

As he spoke, his eyes burned with fire,
a light of discovery and daring
that held us spellbound.

타임머신 _ H.G. 웰스

시간 여행자는 우리에게 말했다.
시간은 또 하나의 차원,
보이지 않는 공간이라고.

우리는 세 방향으로 자유롭게 움직인다.
앞과 뒤, 위와 아래, 좌우로.
그런데 왜 시간 속에서는 안 될까?

그는 어떤 기계에 대해 이야기했다.
숨겨진 축을 뚫고,
인간을 현재의 순간을 너머,
앞으로도 뒤로도 나아가게 하는 장치.

그가 말할 때, 그의 눈은 불꽃으로 타올랐고,
발견과 대담한 도전의 빛이 빛나며,
우리를 사로잡았다.

The Time Machine

dimension 차원 **axis** 축, 중심선 **pierce** 꿰뚫다, 통과하다 **beyond** ~을 넘어, ~저편에 **spellbound** 넋을 잃은, 사로잡힌

073 The Invisible Man - H.G. Wells

The stranger came one bitter day in February,
through a cutting wind and driving snow.

He was wrapped from head to foot,
his face hidden behind dark glasses,
his hands gloved, his body muffled in heavy clothes.

The villagers stared, uneasy,
for never had they seen a man so concealed.

He carried with him only a small case,
yet behind those coverings
lay a secret unseen,
a mystery that would soon
shake the quiet village to its core.

투명인간 _ H.G. 웰스

그 낯선 사람은 2월의 어느 매서운 날,
칼바람과 몰아치는 눈 속에 도착했다.

머리부터 발끝까지 감싸였고,
얼굴은 어두운 안경에 가려져 있었으며,
손은 장갑에, 몸은 무거운 옷에 싸여 있었다.

마을 사람들은 불안한 눈길로 바라보았다.
그토록 온몸을 감춘 사람은 본 적이 없었기 때문이다.

그가 지닌 것은 작은 가방 하나뿐이었으나,
그 가려진 모습 뒤에는
곧 그 고요한 마을을 완전히 뒤흔들어 놓을
보이지 않는 비밀이 숨어 있었다.

The Invisible Man

bitter (날씨) 매서운, 혹독한 cutting (바람) 매섭게 스치는 driving (눈·비) 몰아치는
muffled 둘러싸인, 덮여진 concealed 숨겨진, 가려 unseen 보이지 않는

074 The Island of Doctor Moreau - H.G. Wells

The cries rose in the stillness of the island,
wild and half-human,
echoing through the night air.

They grew louder, filling me with dread,
for no beast I had known made such a sound.

It was unnatural,
a voice born of pain and cruelty,
chilling my blood as I listened.

In that moment I understood:
the island concealed secrets
twisted beyond nature,
truths no man was ever meant to uncover.

모로 박사의 섬 _ H.G. 웰스

섬의 고요 속에서 울음이 치솟았다.
야생적이면서도 반쯤은 인간 같은 소리가
밤공기를 가르며 메아리쳤다.

그 소리는 점점 커졌고, 내 마음은 공포로 가득 찼다.
내가 아는 어떤 짐승도 그런 소리를 내지 않았다.

그것은 부자연스러운 소리였다.
고통과 잔혹에서 태어난 목소리였고,
듣는 순간 피가 서늘해졌다.

그때 나는 깨달았다.
이 섬은 자연을 비틀어놓은,
인간이 결코 밝혀서는 안 될
비밀을 감추고 있다는 것을.

The Island of Doctor Moreau

dread 두려움, 공포 unnatural 부자연스러운, 비정상적인 cruelty 잔혹, 잔인함
conceal 감추다, 숨기다 uncover 드러내다, 밝혀내다

075 Dracula – Bram Stoker

The castle rose as though carved from the rock itself,
its dark windows staring like ancient eyes.

The air was heavy,
filled with a dread that clung to every stone,
and the silence seemed alive with hidden voices.

Crossing the threshold,
I felt the world of men fall behind me.

Here began a domain not of the living,
but of something old and unholy,
a presence watching, waiting,
as if eternity itself kept vigil in the shadows.

드라큘라 _ 브램 스토커

그 성은 마치 바위에서 솟아난 듯 우뚝 서 있었고,
어두운 창들은 고대의 눈처럼 노려보고 있었다.

공기는 무겁게 가라앉아,
돌마다 두려움이 달라붙은 듯했고,
고요 속에는 숨겨진 목소리들이 살아 있는 듯했다.

문턱을 넘는 순간,
나는 인간의 세계를 뒤에 두고 왔음을 느꼈다.

그곳은 살아 있는 자의 영역이 아니라,
오래되고 사악한 무엇의 영역이었다.
어떤 존재가, 마치 영원 그 자체가
어두운 그림자 속에서 밤새 지켜보며 기다리고 있었다.

carved 새겨진, 조각된 **dread** 두려움, 공포 **threshold** 문턱, 경계 **domain** 영역, 세력권
unholy 불경한, 사악한 **vigil** 밤새우며 지킴, 감시

Songs of Innocence and of Experience
– William Blake

Tyger! Tyger!
burning bright In the forests of the night,
What immortal hand or eye
Could frame thy fearful symmetry?

In what distant deeps or skies
Burnt the fire of thine eyes?
On what wings dare he aspire?
What the hand dare seize the fire?

순수와 경험의 노래 _ 윌리엄 블레이크

호랑이여! 호랑이여!
밤의 숲 속에서 타오르는 빛,
그 두려운 대칭을 빚어낸
불멸의 손과 눈은 누구인가?

어떤 머나먼 심연이나 하늘에서
너의 눈빛의 불길이 타올랐는가?
어떤 날개가 감히 그곳에 이르렀는가?
어떤 손이 그 불을 붙잡을 수 있었는가?

Songs of Innocence and of Experience

immortal 불멸의, 영원한 **frame** 형성하다, 빚다 **fearful symmetry** 두려운 대칭 **aspire** 열망하다, 오르다 **seize** 붙잡다, 움켜쥐다

077 The Rime of the Ancient Mariner
– Samuel Taylor Coleridge

It was an ancient Mariner,
grey-bearded and bright-eyed,
who stopped one man of three
upon the road to a wedding feast.

The guest protested,
longing to join the revelry,
yet the Mariner's gaze held him still,
compelling him to listen.

Upon a stone he sat,
his will subdued by wonder,
while the old sailor,
marked by age and mystery,
prepared to tell a tale
of sea and sin, of fate and redemption.

노수부의 노래 _ 새뮤얼 테일러 콜리지

결혼 잔치로 가던 세 사람 중 한 명을 붙잡은 건,
회색 수염에 반짝이는 눈을 가진
늙은 뱃사람이었다.

하객은 잔치에 가고 싶다 항의했지만,
노수부의 시선이 그를 붙잡았고,
들어야 한다고 그를 강제했다.

그는 결국 돌 위에 앉았다.
그의 의지는 경이로움에 꺾였고,
세월과 신비의 흔적이 새겨진 늙은 선원은
이야기를 시작할 준비를 했다.
바다와 죄악, 운명과 구원의 이야기였다

The Rime of the Ancient Mariner

Mariner 뱃사람, 선원 **revelry** 흥청거림, 흥겨운 잔치 **compel / compelling** 강제로 ~하게 하다 / 강하게 이끄는 **subdued** 억눌린, 굴복한 **redemption** 구원, 속죄

078 Prometheus Unbound – Percy Bysshe Shelley

To suffer woes which Hope thinks infinite;
To forgive wrongs darker than death or night;
To defy Power, which seems omnipotent;

To love, and bear; to hope till Hope creates
From its own wreck the thing it contemplates;
Neither to change, nor falter, nor repent;

This is to be good, great, joyous, beautiful,
And free; this is alone Life, Joy, Empire, and Victory.

속박에서 풀린 프로메테우스 _ 퍼시 비시 셸리

끝없는 것처럼 보이는 고통을 감내하고,
죽음과 밤보다 더 어두운 잘못을 용서하며,
전능해 보이는 권력에 맞서는 것.

사랑하고, 견디며, 희망을 품어
희망의 잔해 속에서 새로운 희망을 창조하는 것.
변하지 않고, 흔들리지 않고, 후회하지 않는 것.

그것이 곧 선하고, 위대하며, 기쁘고,
아름답고 자유로운 삶이다.
그것이야말로 삶이자, 기쁨이자, 제국이자, 승리다.

Prometheus Unbound

woes 고통, 비애   infinite 무한한   defy 도전하다, 맞서다   falter 흔들리다, 주저하다
empire 제국, 지배력

 # Childe Harold's Pilgrimage - Lord Byron

'Tis strange — but true; for truth is always strange;
Stranger than fiction; if it could be told,
How much would novels gain by the exchange!

How differently the world would men behold!
How oft would vice seem virtue's self,
And virtue vice appear!

But the grand object of all travel
Is to see the shores of Italy,
And fair Greece, the mother of the arts and eloquence,
Whose ruins are the ruins of themselves,

With all their beauty, all their desolation,
And the eternal lesson they impart to man.

차일드 해럴드의 순례 _ 조지 고든 바이런

이상한 일이지만, 사실은 언제나 기이한 법,
허구보다 더 낯설다. 만약 그것이 온전히 말해질 수 있다면,
소설은 얼마나 많은 것을 얻을 수 있을까!

세상이 얼마나 다르게 보일 것이며,
얼마나 자주 악이 덕처럼 보이고,
덕이 악처럼 드러날 것인가!

그러나 모든 여행의 웅대한 목적은
이탈리아의 해안을 보는 것이요,
예술과 웅변의 어머니인 아름다운 그리스,
그 폐허조차 스스로의 영광을 증언하는 곳,

그 모든 아름다움과 황폐함으로
인간에게 영원한 교훈을 남기는 곳을 보는 것이다.

Childe Harold's Pilgrimage

strange 기이한 fiction 허구 vice 악 virtue 덕 ruins 폐허 eloquence 웅변 esolation 황폐 impart 전하다

080 A thing of beauty is a joy for ever

– John Keats

A thing of beauty is a joy for ever:
Its loveliness increases;
it will never pass into nothingness;

But still will keep a bower quiet for us,
and a sleep full of sweet dreams,
and health, and quiet breathing.

Therefore, on every morrow,
are we wreathing a flowery band to bind us to the earth,
spite of despondence,
of the inhuman dearth of noble natures,
of the gloomy days,
of all the unhealthy and o'er-darkened ways.

아름다운 것은 영원한 기쁨이니 _존 키츠

아름다운 것은 영원한 기쁨이니,
그 매혹은 점점 깊어지고,
결코 허무로 사라지지 않는다.

그것은 여전히 우리를 위해 고요한 그늘을 남기고,
달콤한 꿈으로 가득한 잠과,
건강과 고요한 숨결을 지켜준다.

그러므로 우리는 매일 아침,
꽃으로 엮은 화환을 만들며 우리를 이 땅에 묶어둔다.
절망에도 불구하고,
고귀한 본성의 부재에도 불구하고,
우울한 나날에도 불구하고,
모든 병들고 어두운 길들에도 불구하고.

A thing of beauty is a joy for ever

loveliness 아름다움 nothingness 허무 bower 그늘, 정자 despondence 낙담, 절망 dearth 부족, 결핍 gloomy 음울한

081 Daffodils - William Wordsworth

I wandered lonely as a cloud
That floats on high o'er vales and hills,
When all at once I saw a crowd,
A host, of golden daffodils;

Beside the lake, beneath the trees,
Fluttering and dancing in the breeze.

Continuous as the stars that shine
And twinkle on the milky way,
They stretched in never-ending line
Along the margin of a bay.

수선화 _ 윌리엄 워즈워스

나는 홀로 방황하고 있었다,
골짜기와 언덕 위를 떠도는 구름처럼.
갑자기 눈앞에 펼쳐진 군집,
황금빛 수선화의 무리들을 보았다.

호숫가에, 나무 아래에서,
바람결에 나부끼며 춤추고 있었다.

은하수 위 반짝이는 별들처럼,
끝없이 이어지는 그 모습은,
만灣의 물가를 따라
영원히 이어진 줄기 같았다.

Daffodils

wandered 방황하다 vales 골짜기 daffodils 수선화 fluttering 나부끼는 twinkle 반짝이다 margin 가장자리

082 Gulliver's Travels – Jonathan Swift

I lay down on the grass,
which was very short and soft,
where I slept sounder than ever I remembered to have done in my life.

When I awoke, it was just daylight.

I attempted to rise,
but found my arms and legs fastened to the ground,
and my hair tied down in the same manner.

I could only look upwards,
and the sun began to warm my face.

걸리버 여행기 _ 조너선 스위프트

나는 짧고 부드러운 풀밭 위에 누워,
내 평생 그 어느 때보다도 깊이 잠들었다.

눈을 떴을 때,
막 날이 밝아오고 있었다.

몸을 일으키려 했으나,
두 팔과 다리가 땅에 단단히 묶여 있었고,
머리칼마저 같은 방식으로 붙잡혀 있었다.

나는 위쪽만 올려다볼 수 있었고,
태양은 이마와 얼굴을 서서히 데우고 있었다.

Gulliver's Travels

fastened 묶인 attempt 시도하다 upwards 위쪽으로 sounder 더 깊이(잠든)

083 Robinson Crusoe – Daniel Defoe

I was cast ashore upon a desolate island,
with nothing but the clothes upon my back
and a prayer of Providence in my heart.

The shore lay silent,
save for the ceaseless breaking of the waves
and the cries of seabirds wheeling above.

Fear and wonder struggled within me,
yet I resolved to live,
to preserve my strength,
and to search the barren ground
for any sustenance it might yield,
trusting that God's hand
had not abandoned me.

로빈슨 크루소 _ 다니엘 디포

나는 황량한 섬에 내던져졌다.
몸에 걸친 옷 한 벌과,
가슴 속 하나의 기도만이 전부였다.

해변은 고요했으나,
끝없이 부서지는 파도와
머리 위를 맴도는 바닷새의 울음만이 들려왔다.

두려움과 경이가 내 안에서 싸웠지만
나는 살아남기로 결심했다.
힘을 보존하고,
메마른 땅이 내어줄 양식을 찾기로 했다.
신의 손길이
결코 나를 버리지 않았음을 믿으면서.

Robinson Crusoe

cast ashore 해안에 표류하다, 내던져지다 **desolate** 황량한 **Providence** (대문자) 신의 섭리 **ceaseless** 끊임없는 **barren** 메마른, 불모의 **sustenance** 생계 수단, 양식

084 Moll Flanders – Daniel Defoe

I was born in Newgate Prison,
my life marked from the first
by shame and misfortune.

Yet within me stirred ambition,
a restless desire not to sink
into the misery of my birth,
but to rise, if wit and chance allowed.

Thus began a course of trials,
where survival often demanded
cunning more than virtue,
and resolve more than innocence,
as I strove to carve
a place for myself in the world.

몰 플랜더스 _ 다니엘 디포

나는 뉴게이트 감옥에서 태어났다.
태어나자마자 내 삶은
수치와 불운으로 새겨졌다.

그러나 내 안에는 야망이 있었다.
태생의 비참함 속에 가라앉지 않고,
재치와 기회가 허락한다면
일어서고자 하는 갈망이었다.

이리하여 내 시련의 여정이 시작되었다.
그 길에서 생존은 미덕보다 꾀를,
순결보다 결단을 요구했다.
나는 스스로의 힘으로
세상 속 자리를 개척하려 했다.

Moll Flanders

Newgate Prison 런던의 구 뉴게이트 감옥 misfortune 불운, 불행 ambition 야망, 포부 wit 재치, 지혜 cunning 교활함, 꾀 virtue 덕, 미덕 resolve 결심, 결단

 The Life and Opinions of Tristram Shandy
– Laurence Sterne

No man, I believe,
was ever born under stars so unlucky as mine.

From the first moment of life,
accidents and interruptions have crossed my path,
turning my story aside at every step.

I set out to write plainly,
yet digressions seize my pen,
so that my tale winds like a labyrinth,
full of whims and wanderings.

Perhaps, in these crooked lines,
the true complexion of life
is shown more honestly than in any straight path.

트리스트럼 샌디의 삶과 의견 _ 로렌스 스턴

아무도 나처럼 불운한 별 아래
태어난 이는 없을 것이다.

삶의 첫 순간부터
사고와 방해가 내 길을 가로막아,
이야기는 늘 빗나갔다.

나는 곧고 단순히 쓰려 했으나
여담들이 내 펜을 붙잡아,
내 이야기는 미궁처럼 얽히고,
기발한 변덕과 방황으로 가득 찼다.

그러나 어쩌면
이 굽은 선들 속에서야말로
인생의 참된 모습이 곧은 길보다 더 솔직히 드러나는지 모른다.

The Life and Opinions of Tristram Shandy

unlucky stars 불운한 운명, 불길한 별자리 **interruption** 방해, 중단 **digression** 여담, 본줄거리에서 벗어남 **labyrinth** 미궁, 복잡하게 얽힌 길 **whim** 변덕, 기발한 생각 **complexion** (비유적으로) 본질, 성격, 양상

086 Utopia – Thomas More

In Utopia, there are no taverns or brothels,
no houses of vice or idle pleasure.

Yet every home is bright with company,
where neighbors share joy in honest talk.

Gold and silver are despised,
set to the lowest uses,
while true wealth is found in virtue,
in labor shared, and in harmony.

No man is idle,
no man poor;
the commonwealth provides for all,
and its strength lies in the fellowship of its people.

유토피아 _ 토마스 모어

유토피아에는 술집도, 매춘굴도 없다.
타락한 쾌락의 집은 어디에도 없다.

그러나 모든 집은 밝다.
이웃이 모여 정직한 대화를 나누며 기쁨을 함께한다.

금과 은은 경멸받고,
하찮은 데 쓰인다.
참된 부는 덕성과
함께하는 노동과
조화로운 삶 속에 있다.

아무도 게으르지 않고,
아무도 가난하지 않다.
공동체는 모두를 돌보고,
그 힘은 사람들의 연대 속에 깃든다.

tavern 술집, 주막 brothel 매춘굴 vice 악덕, 타락, 부도덕 despise 경멸하다
commonwealth 공동체, 국가 fellowship 동료애, 유대, 연대

087 Confessions of an English Opium-Eater
— Thomas De Quincey

I did not seek opium only for pleasure,
but to escape the weight of pain and reality.

In those hours of intoxication,
the world opened like a vast theatre,
filled with splendour and dreamlike forms
more vivid than waking life.

Yet behind the brilliance crept shadows—
terror, despair, and haunting visions.

So I learned that ecstasy is double-edged:
within every delight lies the seed of ruin,
a reminder that no dream
is free from its price.

영국인 아편쟁이의 고백 _ 토머스 드 퀸시

나는 단지 쾌락을 위해서만 아편을 찾은 것이 아니었다.
고통과 현실의 무게에서 벗어나기 위함이었다.

그 황홀한 시간 속에서
세상은 거대한 극장처럼 열렸고,
꿈결 같은 형상들이
현실보다 더 선명하게 다가왔다.

그러나 그 찬란함 뒤에는
공포와 절망과 잊히지 않는 환영의 그림자가 스며들었다.

나는 깨달았다.
황홀은 양날의 검이라는 것을.
모든 기쁨 속에는 파멸의 씨앗이 숨어 있고,
어떤 꿈도 대가 없이 주어지지 않음을.

Confessions of an English Opium-Eater

opium 아편 intoxication 취함, 도취 splendour 화려함, 장엄함 vivid 생생한, 선명한
terror 극심한 공포 despair 절망 ecstasy 황홀, 무아지경 ruin 파멸, 몰락

A Study in Scarlet – Arthur Conan Doyle

Life is a colourless skein,
yet through it runs a scarlet thread of murder.

Our duty is to unravel it,
to isolate each strand,
and expose the hidden pattern.

Crime itself is common; logic is rare.

It is upon logic we must depend,
for in that lies the true art of detection.

Thus stands the difference
between the mere watcher of events
and the reasoner,
who sees with clarity
where others see only confusion.

주홍색 연구 _ 아서 코난 도일

삶은 무채색의 실타래 같지만
그 속에는 주홍빛 살인의 실이 얽혀 흐른다.

우리의 임무는 그것을 풀어내고,
한 가닥씩 분리하여
숨겨진 무늬를 드러내는 것이다.

범죄 그 자체는 흔하다. 그러나 논리는 드물다.

우리가 의지해야 할 것은 논리이며,
그 안에야말로 수사의 참된 예술이 깃들어 있다.

이것이 곧 차이다.
그저 사건을 지켜보기만 하는 자와,
혼돈 속에서도 진실을 꿰뚫는 추리자의 차이.

A Study in Scarlet

scarlet 주홍색 thread (비유적으로) 줄기, 흐름 skein (실의) 타래 unravel (얽힌 것을) 풀다, isolate 분리하다 reasoner 추리하는 사람

089 The Sign of the Four - Arthur Conan Doyle

My mind rebels at stagnation.
Give me problems,
give me work,
give me the most abstruse cryptogram,
or the most intricate analysis,
and I am in my own proper atmosphere.

I can dispense then with artificial stimulants.
But I abhor the dull routine of existence.
I crave for mental exaltation,
and without it,
existence becomes intolerable.

네 개의 서명 _ 아서 코난 도일

내 정신은 정체됨을 거부한다.
나에게 문제를 달라,
일을 달라,
가장 난해한 암호이든,
가장 복잡한 분석이든,
그 속에서야 비로소 나는 제자리를 찾는다.

그럴 때에는 인위적인 자극이 필요 없다.
그러나 나는 지루한 일상의 반복을 혐오한다.
나는 정신의 고양을 갈망하며,
그것이 없으면
삶은 견딜 수 없게 된다.

The Sign of the Four

stagnation 정체 abstruse 난해한 cryptogram 암호 intricate 복잡한 dispense with ~없이 지내다 abhor 혐오하다 exaltation 고양, 의기양양 intolerable 견딜 수 없는

090 The Hound of the Baskervilles

– Arthur Conan Doyle

A long, low moan broke upon our ears,
rising and falling on the night air.

Far away, on the moor,
there came a sound so strange, so fearful,
that my blood turned cold within me.

It swelled into a deep baying,
the voice of a hound—
yet larger, more dreadful
than any hound could be.

We stood frozen in the darkness,
hearts gripped with terror,
knowing that the legend of the Baskervilles
had come alive before us.

바스커빌 가의 사냥개 _ 아서 코난 도일

길고 낮은 울음소리가 밤공기를 타고
높아졌다 낮아졌다 하면서 우리 귀에 분명히 들렸다.

멀리, 황야에서
너무나 기이하고 너무나 두려운 소리가 일어나
내 피를 얼어붙게 했다.

그 소리는 점점 커져
사냥개의 울부짖음이 되었으나—
어떤 사냥개보다 더 크고 더 무시무시했다.

우리는 어둠 속에 얼어붙은 채 서 있었고,
심장은 공포에 붙잡혀 있었다.
바스커빌가의 전설이
바로 우리 눈앞에서 되살아난 것이다.

The Hound of the Baskervilles

moan 신음, 낮게 길게 나는 소리 **moor** 황야, 습지대 **baying** (사냥개가) 울부짖는 소리
dreadful 무시무시한, 두려운 **legend** 전설

091 The Valley of Fear – Arthur Conan Doyle

The warning was brief:
"Beware the Valley of Fear."

Soon after, a man lay murdered
in his lonely manor.

Holmes unraveled the cipher,
saw the hidden hand behind the crime,
and traced it to a brotherhood of vengeance
that ruled with terror far away.

The valley was not of earth alone,
but of fear itself,
where courage and betrayal met in silence.

공포의 계곡 _ 아서 코난 도일

경고는 짧았다.
"공포의 계곡을 조심하라."

곧 외딴 저택에서
한 남자가 살해된 채 발견되었다.

홈즈는 암호를 풀고
범행 뒤에 숨은 손길을 보았다.
그것은 먼 땅을 공포로 지배한
복수의 결사였다.

그 계곡은 단순한 땅이 아니라
두려움 그 자체였고,
그곳에서 용기와 배신은 침묵 속에 맞섰다.

The Valley of Fear

beware 조심하다 manor 영지 저택 unravel (얽힌 것·암호를) 풀다 cipher 암호, 암호문 brotherhood (특히 비밀스러운) 단체, 집단 vengeance 복수, 보복

092 Little Women - Louisa May Alcott

Jo's ambition burned within her,
not for riches or for ease,
but for the chance to live bravely,
to write with honesty, and to prove that even a girl
might shape her own destiny.

She stumbled often,
and her temper was quick,
yet she rose again with fresh resolve.

For in her heart was a faith
that life, however hard,
could be made noble
by work, love, and the courage to be true.

작은 아씨들 _ 루이자 메이 올콧

조의 야망은 그녀 안에서 불타올랐다.
그것은 부도, 안락도 아닌,
용기 있게 살고, 정직하게 글을 쓰며,
한 소녀도 스스로 운명을 개척할 수 있음을
증명하려는 열망이었다.

그녀는 자주 넘어졌고,
성급한 성격 때문에 실수도 많았지만,
다시 일어나 새로운 결심을 다졌다.

왜냐하면 그녀 마음속에는
삶이 아무리 힘들어도,
노동과 사랑,
그리고 진실하게 살아가려는 용기로
고귀해질 수 있다는 믿음이 있었기 때문이다.

ambition 야망, 포부   ease 안락, 편안함   destiny 운명   stumble 비틀거리다   resolve 결심, 의지   noble 고귀한, 고상한

093 Little Men - Louisa May Alcott

At Plumfield, lessons were not only in books,
but in kindness, play, and daily tasks.

The boys, with all their faults and fancies,
were guided patiently,
learning that discipline was not punishment,
but a training of the heart.

They quarreled, laughed, and mended again,
discovering the sweetness of forgiveness.

In gardens, games, and household duties,
they found that honest work and cheerful spirits
made life richer,
and friendship the truest lesson of all.

꼬마 신사들 _ 루이자 메이 올콧

플럼필드에서의 배움은 책 속만이 아니라,
친절과 놀이, 그리고 매일의 일 속에도 있었다.

소년들은 결점과 기벽을 지녔지만
인내심 있는 지도를 받았고,
그들은 훈육이 벌이 아니라
마음의 훈련이라는 것을 배웠다.

싸우고, 웃고, 다시 화해하며
용서의 달콤함을 알게 되었고,

정원과 놀이, 집안일 속에서
정직한 노동과 밝은 마음이
삶을 더 풍요롭게 한다는 것,
그리고 우정이 가장 참된 가르침임을 깨달았다.

faults 결점, 잘못 fancies 기벽, 변덕, 상상 discipline 훈육, 규율 mend 고치다, (다툼을) 화해하다 forgiveness 용서

094 The Jungle Book - Rudyard Kipling

Now this is the Law of the Jungle,
as old and as true as the sky:

The wolf that keeps it may prosper,
but the wolf that breaks it must die.

The strength of the Pack is the Wolf,
and the strength of the Wolf is the Pack.

No beast shall kill for pleasure,
nor take life without need.

Honor the Law in the forest,
and all shall live in peace,
guarded by justice and courage.

정글북 _ 러디어드 키플링

이것이 정글의 법칙이다.
하늘처럼 오래되고, 하늘처럼 진실하다.

이를 지키는 늑대는 번성하고,
이를 어기는 늑대는 죽음을 맞는다.

무리의 힘은 늑대에 있고,
늑대의 힘은 무리에 있다.

어느 짐승도 쾌락으로 죽이지 말라.
필요 없이 생명을 앗지 말라.

숲에서 법을 존중하라.
그러면 모두가 평화롭게 살리니,
정의와 용기가 지켜줄 것이다.

The Jungle Book

prosper 번영하다, 잘되다 Pack (늑대) 무리 pleasure 쾌락, 즐거움 honor 존중하다, 명예롭게 여기다 justice 정의 courage 용기

Kim – Rudyard Kipling

Kim was a child of the streets,
dark with the sun of India,
quick with its tongues and tales.

He moved among beggars and priests,
soldiers and merchants, hearing many creeds,
and learning cunning beyond his years.

Yet within him stirred the spirit of adventure,
a longing for the great roads
and the mysteries they promised.

Thus he stood between two worlds,
half English, half Indian,
and wholly restless for life.

킴 _ 러디어드 키플링

킴은 거리의 아이였다.
인도의 태양에 그을린 얼굴,
수많은 언어와 이야기로 날랜 소년.

그는 거지와 사제,
군인과 상인들 속을 오가며, 여러 신앙을 들었고
나이에 걸맞지 않은 지혜를 익혔다.

그러나 그의 마음속에는 모험의 영혼이 꿈틀거렸다.
큰 길과 그 길이 약속하는
신비를 향한 갈망이었다.

그리하여 그는 두 세계 사이에 서 있었다.
절반은 영국인, 절반은 인도인,
온전히 삶을 향해 들뜬 영혼으로.

creed 신조, 종교적 교리 cunning 교활함 stirred (감정·충동이) 일다, 꿈틀거리다
restless 가만있지 못하는,

096 The Secret Garden — Frances Hodgson Burnett

Mary had never cared for anyone,
nor been cared for herself,
but in the secret garden she felt a stirring,
strange and sweet.

The roses, though leafless,
seemed alive with promise,
and the earth smelled of hidden life.

As she worked and wandered there,
something warm awoke within her,
a sense of being no longer alone.

The garden was changing,
and with it,
Mary's own heart began to bloom.

비밀의 화원 — 프랜시스 호지슨 버넷

메리는 누구도 사랑한 적 없었고,
또한 누구의 사랑도 받아본 적 없었다.
그러나 비밀의 정원에서
그녀는 낯설지만 달콤한 설레임을 느꼈다.

잎은 없었지만 장미들은
약속처럼 살아 있는 듯했고,
땅에서는 숨은 생명의 향기가 났다.

그곳을 거닐며, 가꾸며,
메리의 마음속에 따스한 것이 깨어났다.
더 이상 혼자가 아니라는 감각이었다.

정원이 변하고 있었다.
그리고 그와 함께,
메리의 마음도 꽃피기 시작했다.

The Secret Garden

stirring 설레임, 마음의 동요 **leafless** 잎이 없는 **promise** (비유적으로) 희망, 가능성
wander 거닐다, 헤매다 **bloom** 꽃피다, (마음이) 활짝 열리다

097 A Little Princess – Frances Hodgson Burnett

Whatever comes,
it cannot alter one thing:
if I am a princess in rags and tatters,
I can still be a princess inside.

A true princess is not made by silks or jewels,
but by a heart that holds kindness,
courage, and gentle strength.

So even in sorrow,
I must carry myself with dignity,
as if a crown unseen
were always upon my head.

소공녀 _ 프랜시스 호지슨 버넷

무슨 일이 닥쳐도
변하지 않는 것이 하나 있다.
나는 누더기를 입더라도
마음속으로는 여전히 공주일 수 있다.

진정한 공주는 비단이나 보석이 아니라,
친절과 용기,
그리고 부드러운 힘을 품은 마음에서 태어난다.

그러므로 슬픔 속에서도
나는 품위를 잃지 않아야 한다.
마치 눈에 보이지 않는 왕관이
늘 머리 위에 놓여 있는 듯이.

A Little Princess

alter 바꾸다, 변하다 **rags and tatters** 누더기, 해진 옷 **silks** 비단 **jewels** 보석 **dignity** 품위, 존엄

098 Peter Pan – J.M. Barrie

Peter was a boy who would never grow up.
He lived in dreams and flights,
among mermaids in the lagoon
and pirates on the sea.

Every day was a game, every night a story,
woven with the magic of Neverland.

He laughed at danger,
sang with the stars, and led the Lost Boys
through adventures unending.

To follow Peter
was to believe in wonder,
and to live forever in the joy of play.

피터 팬 _ 제임스 매튜 배리

피터는 결코 자라지 않는 소년이었다.
그는 꿈과 비행 속에 살았고,
바닷가의 인어들과,
바다의 해적들 사이에서 모험했다.

매일은 놀이였고, 매일 밤은 이야기였다.
네버랜드의 마법으로 짜여진 이야기.

그는 위험 앞에서도 웃었고,
별들과 노래했으며, 길 잃은 소년들을 이끌어
끝없는 모험으로 나아갔다.

피터를 따른다는 것은
경이로움을 믿는 것이었고,
놀이의 기쁨 속에 영원히 사는 것이었다.

lagoon 석호, 바다와 분리된 얕은 호수 **woven** 짜여진, 엮인 **unending** 끝없는, 영원한
wonder 경이, 놀라움

099 The Wind in the Willows - Kenneth Grahame

"There is nothing—absolutely nothing—
half so much worth doing," said Rat,

"as simply messing about in boats.
In or out of them,
it doesn't matter.
Nothing seems really to matter,
that's the charm of it.

Whether you get away,
or you don't;
whether you arrive at your destination,
or whether you never get anywhere at all—
you're always busy,
and you never do anything in particular."

버드나무에 부는 바람 _ 케네스 그래임

"아무것도 없어—정말 아무것도—
배를 가지고 놀며 보내는 일보다
더 좋은 것은 없지."
랫이 말했다.

"배 위에 있든,
밖에 있든 상관없어.
아무 일도 중요하지 않은 것처럼 보이지.
그게 바로 매력이야.

떠나든, 떠나지 않든,
목적지에 닿든,
아예 어디에도 닿지 않든 상관없어.
늘 바쁘지만,
실은 아무것도 하지 않는 거지."

The Wind in the Willows

mess about (in boats) 빈둥거리며 즐기다, (특히) 배를 가지고 놀다　charm 매력, 묘미
destination 목적지

100 The Tale of Peter Rabbit - Beatrix Potter

Once upon a time there were four little Rabbits,
and their names were—Flopsy, Mopsy,
Cotton-tail, and Peter.

They lived with their mother
in a sand-bank,
underneath the root of a very big fir-tree.

"Now, my dears," said old Mrs. Rabbit one morning,
"you may go into the fields or down the lane,
but do not go into Mr. McGregor's garden—
your father had an accident there,
and he was put in a pie by Mrs. McGregor."

피터 래빗 이야기 _ 비어트릭스 포터

옛날 옛적에 작은 토끼 4마리가 살았다.
그들의 이름은 플롭시, 몹시,
코튼테일, 그리고 피터였다.

그들은 어미 토끼와 함께
커다란 전나무 뿌리 아래
모래 언덕 속에 살고 있었다.

어느 날 아침, 어미 토끼가 말했다.
"얘들아, 들판이나 길가로는 가도 되지만
맥그리거 씨네 정원에는 가지 말아라.
너희 아빠가 거기서 맥그리거 부인에게
파이로 만들어지는 사고를 당했어."

The Tale of Peter Rabbit

rabbit 토끼 sand-bank 모래 언덕 fir-tree 전나무 garden 정원 accident 사고 pie 파이 lane 좁은 길, 길가

101 The Legend of Sleepy Hollow
– Washington Irving

In the bosom of one of those spacious coves
which indent the eastern shore of the Hudson,
there lies a small market town,
which is generally known by the name of Tarry Town.

Not far from this village,
perhaps about two miles,
there is a little valley among high hills,
which is one of the quietest places in the whole world.

A drowsy, dreamy influence
seems to hang over the land,
and to pervade the very atmosphere.

슬리피 할로우의 전설 _ 워싱턴 어빙

허드슨강 동쪽 언덕에 깊숙이 들어온 만의 품속에
작은 장터 마을이 있었는데,
사람들은 대체로 그곳을 태리 타운이라 불렀다.

이 마을에서 멀지 않은 곳,
아마도 두어 마일쯤 떨어진 곳에는
높은 언덕 사이에 자리한 작은 골짜기가 있었고,
그곳은 세상에서 가장 고요한 장소 중 하나였다.

나른하고 몽환적인 기운이
온 땅 위에 드리워져
공기마저 스며들 듯 감돌았다.

The Legend of Sleepy Hollow

cove 작은 만 market town 장터 마을 valley 골짜기 quiet 고요한 drowsy 나른한
dreamy 몽환적인 atmosphere 공기, 분위기

102 Rip Van Winkle – Washington Irving

Whoever has made a voyage up the Hudson
must remember the Kaatskill mountains.

They are a dismembered branch of the great Appalachian
family, and are clothed in blue and purple,
and print their bold outlines on the clear evening sky.

At the foot of these fairy mountains,
the voyager may behold
the little village of good old Rip Van Winkle,
who was a simple, good-natured fellow
of the village and the favorite of all the children.

립 밴 윙클 _ 워싱턴 어빙

허드슨강을 따라 항해해 본 사람이라면
카츠킬 산맥을 기억할 것이다.

그 산맥은 거대한 애팔래치아 산맥의 한 갈래로,
푸른빛과 자줏빛 옷을 입고
맑은 저녁 하늘 위에 선명한 윤곽을 드러낸다.

이 요정 같은 산맥의 기슭에는
선량하고 순박한 농부,
마을의 아이들이 가장 좋아하던
립 밴 윙클이 살던 작은 마을이 자리 잡고 있다.

Rip Van Winkle

voyage 항해 Kaatskill mountains 카츠킬 산맥 Appalachian 애팔래치아 산맥 clothed in ~으로 덮인 bold outline 뚜렷한 윤곽 fellow 사내, 사람 good-natured 성품이 좋은, 선량한

103 The Call of the Wild – Jack London

Buck lived at ease in the sun-kissed valley,
lord of the great house,
strong and proud,
with no thought of change.

But the North was calling.
Men, driven by gold,
sought dogs of muscle and fur,
to haul through snow and ice.

Buck did not read the papers,
and so he did not know that trouble was coming,
that his strength and coat would soon be his fate,
drawing him into the wild.

야성의 부름 _ 잭 런던

벅은 햇살 가득한 계곡에서 안락하게 살았다.
큰 집의 지배자로서,
강하고 자랑스러웠고,
변화를 전혀 예상하지 못했다.

그러나 북쪽이 부르고 있었다.
황금을 좇는 사람들은
근육과 털을 가진 개들을 원했다.
눈과 얼음을 뚫고 가는 썰매개가 필요했다.

벅은 신문을 읽지 못했기에
불행이 다가오고 있음을 알지 못했다.
그의 힘과 두꺼운 털은 곧 그의 운명이 되어,
그를 야성으로 끌어갈 것이었다.

The Call of the Wild

ease 안락, 편안함 **lord** 지배자, 주인 **haul** 끌다, 운반하다 **fate** 운명 **wild** 야성

104 White Fang – Jack London

White Fang was born in the wild,
his first breath taken beneath the shadow of the trees,
his first sight the endless forest.

He learned the law of fang and famine,
that life was struggle, and mercy seldom given.

Yet, through hunger and hardship,
the fire of survival burned in him.

When man's hand reached for him,
he bristled with fear,
but slowly,
he began to learn that strength
could be met with kindness,
and the wild tamed by love.

화이트 팽 _ 잭 런던

화이트 팽은 야생에서 태어났다.
첫 숨은 나무 그늘 아래에서,
첫 시선은 끝없는 숲을 향해 있었다.

그는 이빨과 굶주림의 법칙을 배웠다.
삶은 투쟁이었고, 자비는 좀처럼 주어지지 않았다.

굶주림과 고난 속에서도
그의 안에서는 생존의 불꽃이 타올랐다.

인간의 손길이 다가왔을 때
그는 두려움에 몸을 곤두세웠지만,
천천히 깨달아 갔다.
힘은 친절로 맞설 수 있고,
야성은 사랑으로 길들여질 수 있다는 것을.

White Fang

fang 송곳니 famine 기근, 굶주림 struggle 투쟁, 분투 mercy 자비, 관용 bristle (동물이) 털을 곤두세우다, (사람이) 두려움·분노로 움찔하다 tame 길들이다

105 Martin Eden – Jack London

He was like a traveller wandering in a strange country,
the books were the guides,
and the land was the world of knowledge.

And so it was that as he pursued the quest,
the sheer delight of adventure was upon him.

The world of books was still a fairyland to him,
but it was a land of real value, real meaning,
and it opened to him a world of thought,
vast and endless as the sea.

마틴 이든 _ 잭 런던

그는 낯선 나라를 떠도는 여행자와 같았다.
책은 그의 길잡이가 되었고,
그 땅은 곧 지식의 세계였다.

탐구를 이어가는 동안,
순수한 모험의 기쁨이
그의 온 마음을 휘감았다.

책의 세계는 여전히 동화 같은 마법의 땅이었으나,
그곳은 이제 참된 가치와 의미를 지닌 세계였고,
그에게는 바다처럼 광활하고 끝없는
사상의 우주가 활짝 열리고 있었다.

wander 방랑하다 quest 탐구 sheer 순수한, 완전한 fairyland 환상의 세계 vast 광대한, 드넓은

106 The Last of the Mohicans
– James Fenimore Cooper

The forest lay in silence,
its shadows deep with mystery.
Each cautious step of the companions
was measured by fear,
for every rustle of leaves
or cry in the distance
might bring peril near.

Still, they moved as one,
their courage unbroken,
hope and loyalty binding them
like steel against the dark.

모히칸 족의 최후 _ 제임스 페니모어 쿠퍼

숲은 침묵 속에 놓여 있었고,
그늘은 신비로 깊게 드리워져 있었다.
동료들의 걸음은 두려움 속에 신중했고,
잎사귀의 바스락거림이나
멀리서 울려오는 울음소리조차
곧 닥칠 위험의 신호일 수 있었다.

그러나 그들은 하나로 나아갔다.
그들의 용기는 꺾이지 않았고,
희망과 충성은 그들을 묶어
어둠 속에서도 강철처럼 굳세게 했다.

The Last of the Mohicans

rustle 바스락거림   peril 위험   loyalty 충성

107 The Gift of the Magi - O. Henry

There was a pier-glass between the windows.
Perhaps you have seen such a glass in an $8 flat.
A very thin and agile person,
by observing reflections in quick sequence,
could get a fairly accurate idea of his looks.

Della, being slender, had mastered it.
She suddenly turned from the window
and stood before the glass.
Her eyes shone brightly,
but her face had lost its color.

With quick hands,
she pulled down her hair
and let it fall to its full length.

크리스마스 선물 _ 오 헨리

창문 사이에는 큰 거울이 하나 있었다.
아마 주 8달러짜리 싸구려 아파트에서
이런 전신거울을 본 적이 있을 것이다.
마른 사람이 민첩하게 몸을 움직이면
자신의 모습을 대략 확인할 수 있었다.

날씬한 델라는 그 기술을 이미 익히고 있었다.
그녀는 갑자기 창가에서 돌아서
거울 앞에 섰다.
눈빛은 밝게 빛났으나
얼굴빛은 창백하게 가라앉아 있었다.

그녀는 재빠르게 머리를 풀어내렸고,
머리카락이 길게 흘러내렸다.

The Gift of the Magi

pier-glass 전신거울 agile 민첩한 reflection 반사, 모습 slender 날씬한 turn 돌아서다,
shine 빛나다 color 안색 pull down 잡아내리다

108 The Ransom of Red Chief - O. Henry

It looked like a good thing,
but wait till I tell you.

We were down South,
in Alabama — Bill Driscoll and myself —
when this kidnapping idea struck us.

It was, as Bill afterward expressed it,
"during a moment of temporary mental aberration";
but we didn't find that out till later.

There was a town down there,
as flat as a pancake,
called Summit, of course.

붉은 추장의 몸값 _ 오 헨리

그럴듯해 보이는 일감이었다.
그러나 끝까지 들어보시라.

우리는 남쪽 앨라배마에 있었다.
빌 드리스콜과 내가 함께였고,
그때 납치라는 생각이 번쩍 떠올랐다.

빌이 나중에 표현했듯이,
그건 "순간적인 정신 착란의 결과"였다.
하지만 그 사실을 안 건 한참 뒤였다.

그곳에는 펜케이크처럼 평평한 마을이 있었다.
이름은 당연히 '서밋(Summit)'이었다.

The Ransom of Red Chief

kidnapping 납치 idea 생각, 발상 temporary 일시적인 mental 정신의 aberration 일탈, 착란 afterward 나중에 flat 평평한 pancake 팬케이크 summit 정상, 꼭대기

Uncle Tom's Cabin - Harriet Beecher Stowe

Tom's strong, grave features
settled into that expression of deep quietness
which was habitual to him.

It was a patience,
not of hopelessness,
but of religious trust,
calm, unresisting,
yet strong and deep.

It spoke of a soul
which had given itself up to God,
and hoped to look beyond this life,
to the things eternal.

톰 아저씨의 오두막 _ 해리엇 비처 스토

톰의 굳세고 진지한 얼굴은
그에게 익숙한 깊은 고요의 빛을 머금었다.

그것은 절망의 인내가 아니었다.
오히려 신에 대한 신뢰에서 비롯된,
잔잔하고 순종적이면서도
굳건하고 깊은 인내였다.

그 표정은 한 영혼을 말해주었다.
자신을 온전히 하나님께 맡기고,
이 생을 넘어
영원의 세계를 바라보는 영혼이었다.

Uncle Tom's Cabin

grave 진지한 habitual 습관적인 patience 인내 hopelessness 절망 religious 신앙적인, 종교적인 trust 신뢰 unresisting 저항하지 않는 eternal 영원한

The Open Window - Saki, H.H. Munro

"My aunt will be down presently, Mr. Nuttel," said a very self-possessed young lady of fifteen.

"In the meantime,
you must try and put up with me."

Framton Nuttel endeavoured to say
the correct something
which should duly flatter the niece of the moment,
without unduly discounting the aunt
that was to come.

열린 창 _ 사키

"곧 숙모께서 내려오실 거예요, 너텔 씨."
열다섯 살 소녀는 또렷하고 당당한 목소리로 말했다.

"그동안은
저와 함께 있어 주셔야겠네요."

프램턴 너텔은 어떻게든
그 순간 조카딸을 적절히 칭찬하면서도,
곧 내려올 숙모의 존재를
깎아내리지 않는 말을
하려 애썼다.

The Open Window

self-possessed 당당한 in the meantime 그동안 put up with 참다 endeavour 노력하다 flatter 칭찬하다 duly 적절히 discount 깎아내리다

111 Tobermory - Saki, H.H. Munro

It was rather awkward,
having a cat who could speak,
and who persisted in speaking with perfect frankness.

People began to feel
that their most private affairs
were no longer safe,
since Tobermory had listened
with green, expressionless eyes
to so many conversations.

토버모리 _ 사키

말을 할 수 있는 고양이가 있다는 건
꽤나 난처한 일이었다.
게다가 그 고양이는
매우 솔직하게 말을 멈추지 않았다.

사람들은 점점 두려워졌다.
그들의 가장 사적인 일조차
더는 안전하지 않다고 느낀 것이다.
토버모리는 녹색의 무표정한 눈으로
수많은 대화를
묵묵히 들어왔기 때문이다.

awkward 난처한, 어색한 persisted 끈질기게 계속하다 frankness 솔직함 private affairs 사적인 일 expressionless 무표정한

112 The Age of Innocence - Edith Wharton

He had never before questioned the code
in which he had been trained.

Now it seemed to him
that its very foundations were shaken
by the force of her individuality,
her courage,
her desire for freedom.

The world he had defended as innocent
suddenly appeared narrow,
unjust,
and cruel.

순수의 시대 _ 이디스 워튼

그는 한 번도 자신이 배워온 규범을
의심해 본 적이 없었다.

그러나 이제 그 토대마저
그녀의 개성과 용기,
자유를 향한 열망 앞에서 흔들리고 있었다.

그가 순수하다고 믿고 지켜온 세상은
갑자기 좁고,
불공평하며,
잔혹하게 보였다.

The Age of Innocence

code 규범, 도덕적 규약 foundation 토대, 기반 individuality 개성 innocent 순수한, 무구한 unjust 불공평한

Ethan Frome – Edith Wharton

The snow lay heavy on the fields,
the silence of winter pressing on his heart.

Ethan felt himself part of the frozen land,
mute and desolate,
until the faint memory of Mattie's smile
stirred within him—

a fragile warmth against the cold,
a reminder that love still lived
beneath the ice.

이선 프롬 _ 이디스 워튼

눈은 들판 위에 무겁게 내려앉았고,
겨울의 침묵은 그의 가슴을 짓눌렀다.

이선은 자신이 얼어붙은 대지의 일부가 된 듯,
말을 잃고 황량함 속에 잠겨 있었다.
그러나 매티의 미소가 희미하게 떠올라
그의 내면에서 살며시 일렁였다.

차가움 속에서 깨어난 연약한 온기,
얼음 아래에서도 여전히 살아 있는
사랑이 있음을 일깨워주는 듯했다.

Ethan Frome

mute 벙어리의, 침묵한 desolate 황량한, 쓸쓸한 faint 희미한, 약한 stir (감정·기억이) 일렁이다, 움직이다 fragile 연약한, 부서지기 쉬운 beneath ~아래에, ~속에

114 My Ántonia - Willa Cather

She was a part of the country,
as the country was a part of her.

The fields and the seasons
had bound her spirit
with their strength
and their sadness.

Ántonia's life moved
with the rhythm of the earth,
enduring its sorrows,
yet giving back a richness
no hardship could destroy.

나의 안토니아 _ 윌라 캐더

그녀는 그 땅의 일부였고,
그 땅 또한 그녀의 일부였다.

들판과 계절은
그 힘과 슬픔으로
그녀의 영혼을 묶어 두었다.

앤토니아의 삶은
대지의 리듬 속에서 흘렀고,
그 고통을 견뎌내면서도,
결코 사라지지 않는 풍요로움을
세상에 돌려주었다.

bound 묶다, 속박하다 spirit 영혼, 정신 endure 견디다, 인내하다 sorrow 슬픔, 고통
hardship 역경, 고난 richness 풍요로움, 충만함

115 O Pioneers! – Willa Cather

The land was still new,
like a great wild thing not yet tamed.

To the settlers it was stern,
yet generous—
demanding strength,
but giving strength in return.

Alexandra looked out over the fields,
and felt that the future of her life
was bound up
with the future of the land.

오 개척자들이여! _ 윌라 캐더

그 땅은 여전히 새로웠다.
아직 길들여지지 않은 거대한 야생과도 같았다.

개척민들에게 그것은 엄격했으나,
동시에 너그러웠다.
힘을 요구했지만,
그 힘을 다시 돌려주었다.

알렉산드라는 들판을 바라보며 느꼈다.
자신의 삶의 미래가
이 땅의 미래와
하나로 묶여 있음을.

O Pioneers!

stern 엄격한, 가혹한 generous 너그러운 tame 길들이다 bound up with ~와 밀접히 관련된

116 Sister Carrie - Theodore Dreiser

When Carrie looked out upon the city,
she felt its restless energy calling her.

The streets, filled with endless motion,
seemed to whisper promises of pleasure and success.

Yet beneath the glittering lights,
there was loneliness and struggle.

Carrie, standing at the threshold of her life,
was torn between modest beginnings
and the dazzling lure of ambition.

In her heart, a new world was opening,
one both perilous and full of desire.

시스터 캐리 _ 시어도어 드라이저

캐리가 도시를 바라보았을 때,
그녀는 쉼 없는 에너지가 자신을 부르고 있음을 느꼈다.

끝없이 움직임으로 가득한 거리들은
쾌락과 성공의 약속을 속삭이는 듯했다.

그러나 반짝이는 불빛 아래에는
외로움과 투쟁이 도사리고 있었다.

삶의 문턱에 선 캐리는
소박한 출발과
야망의 눈부신 유혹 사이에서 흔들렸다.

그녀의 가슴 속에는 새로운 세계가 열리고 있었다.
위험하면서도, 욕망으로 가득 찬 세계가.

Sister Carrie

---

restless 끊임없이 움직이는 motion 움직임 glittering 반짝이는 threshold 문턱, 시작점
modest 소박한 lure 유혹, 매혹 ambition 야망, 포부 perilous 위험한

The Red Badge of Courage - Stephen Crane

He had dreamed of battles all his life,
grand conflicts full of glory.

But when the regiment moved forward,
the smoke rose,
the cannons roared,
and men fell around him.

The vision of splendor was shattered,
and he felt the cold hand of fear.
Courage, he began to see,
was not in dreams,
but in standing firm
when all urged him to flee.

용기의 붉은 훈장 _ 스티븐 크레인

그는 평생 전투를 꿈꾸어왔다.
영광으로 가득한 장대한 전쟁을.

그러나 연대가 앞으로 나아가자,
연기가 치솟고,
대포가 울려 퍼지며,
사람들이 그의 곁에서 쓰러졌다.

화려한 환상은 산산이 부서졌고,
그는 두려움의 차가운 손길을 느꼈다.
용기란, 그는 깨닫기 시작했다.
꿈속의 화려함이 아니라,
모두가 도망치라 속삭이는 순간에도
굳건히 서 있는 것임을.

regiment 연대(군사 단위) **splendor** 화려함, 장관 **shatter** 산산이 부수다, 깨뜨리다
flee 달아나다, 도망치다

118 McTeague - Frank Norris

McTeague was a huge, slow-moving man,
a giant with ponderous strength
and a dull simplicity of mind.

He worked as a dentist in his small parlor,
content with simple pleasures,
his life ruled by habit and heavy silence.

Yet beneath this quiet surface
lurked strange appetites—
an animal hunger that stirred at moments,
threatening to break loose
from the fragile order of his days.

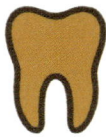

맥티그 _ 프랭크 노리스

맥티그는 거대하고 느릿느릿한 사내였다.
장대한 체구에 무거운 힘을 지녔지만,
정신은 둔하고 단순했다.

그는 작은 진료실에서 치과의사로 일하며,
소박한 즐거움에 만족했고,
습관과 무거운 침묵 속에 살아갔다.

그러나 그 고요한 겉모습 아래에는
이상한 욕망이 숨어 있었고,
때때로 꿈틀대는 동물적 갈망이
그의 나날을 지탱하는
연약한 질서를 깨뜨릴 듯 고조되었다.

McTeague

ponderous 묵직한, 크고 무거운 simplicity 단순함, 소박함 lurk 숨어 있다 appetite 욕구, 욕망 fragile 연약한, 부서지기 쉬운

119 The Luck of Roaring Camp – Bret Harte

The men gathered about the child
in silence.

Rough hands, hardened by toil,
trembled as they touched
its frail body.

It seemed as if a new spirit
had entered Roaring Camp.

The noise and quarrels were hushed,
and in their place came
gentleness and awe,
born from the helplessness
of that small life.

로어링 캠프의 행운 _ 브렛 하트

사내들은 아이 곁에 모여
말없이 서 있었다.

고된 노동에 굳어진 거친 손마저
연약한 몸을 만지자
떨려왔다.

마치 새로운 영혼이
로어링 캠프에 깃든 듯했다.

소란과 다툼은 사라지고,
그 자리를 대신한 것은
연약한 생명에서 피어난
온유함과 경외심이었다.

The Luck of Roaring Camp

toil 고된 노동, 노고 frail 연약한, 허약한 hushed 고요해진, 가라앉은 gentleness 온유함, 부드러움 awe 경외심, 두려움 섞인 존경

An Occurrence at Owl Creek Bridge
– Ambrose Bierce

A man stood upon a railroad bridge
in northern Alabama.

His wrists were bound behind his back,
a rope encircled his neck,
and a sentinel watched at each end.

Below him ran the swift stream,
its sound filling his ears,
while he kept his eyes fixed,
waiting for the final command.

아울크리크 다리에서 생긴 일 _ 앰브로스 비어스

한 남자가 앨라배마 북부의
철교 위에 서 있었다.

그의 손목은 뒤로 묶여 있었고,
밧줄이 목을 감고 있었으며,
보초가 양끝에서 지키고 있었다.

아래로는 빠른 물줄기가 흐르며
그의 귀를 가득 채웠고,
그는 시선을 고정한 채
마지막 명령을 기다리고 있었다.

An Occurrence at Owl Creek Bridge

---

wrist 손목 **encircle** 둘러싸다, 에워싸다 **sentinel** 보초, 파수병 **swift** 빠른, 신속한